図書館を遊ぶ

エンターテインメント空間を求めて

渡部幹雄

新評論

❶

❷

❸

❹

❺

❶中庭パティオから児童室を見る
❷芝生の築山から回廊を見る
❸回廊の入り口
❹雑誌コーナーの外側の休憩コーナー
❺ビオトープゾーンの池のメダカを探す保育園児たち

❼

❻

❽

❻児童開架コーナー
❼話題の本の案内コーナー
❽個人用学習キャレル
❾おはなしコーナー
❿一般成人開架コーナー

❾

❿

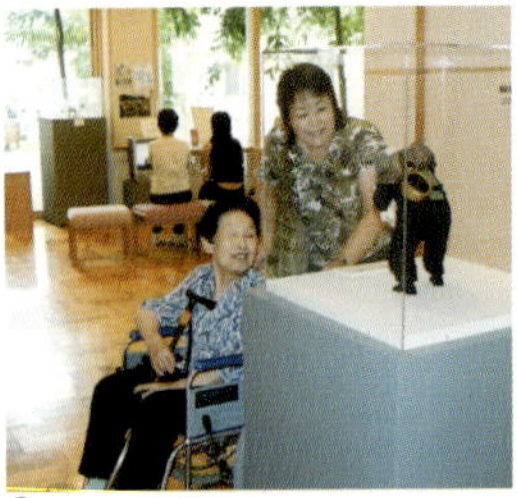

⓬

⓫

⓭

⓮

⓯

⓰

⓫企画展示コーナー
⓬高橋まゆみ展、
「頑固ばーさんの家出」を観る
⓭ボランティアの歌声コンサート
⓮外国籍の人々のためのコーナー、
ポルトガル語他
⓯見学会：町内の小学生の質問に
答える館長（著者）
⓰岡本靖子展の見学者

はじめに

すやすやと館内で居眠りをする人、寝転がって本を読む人、自分たちで紙芝居を興じている子どもたち、中庭でギターを奏でて即興ライブを楽しむ若者たち、将棋を楽しむ人々、映画会で四本立ての洋画を観て一日を過ごす人、ポルトガル語の新聞を食い入るように読んでいるブラジルからの出稼ぎ労働者、玄関ホールのピアノの生演奏に耳を傾ける人、授業の一環として資料を探す中学生、バルーンアートの実演を見つめる子どもたち、四重奏の演奏を静かに聴き入る人々、星空映画会で夏休みのひとときを過ごす子どもたち、絵本の原画を鑑賞するために来館した人、地元の人による雅

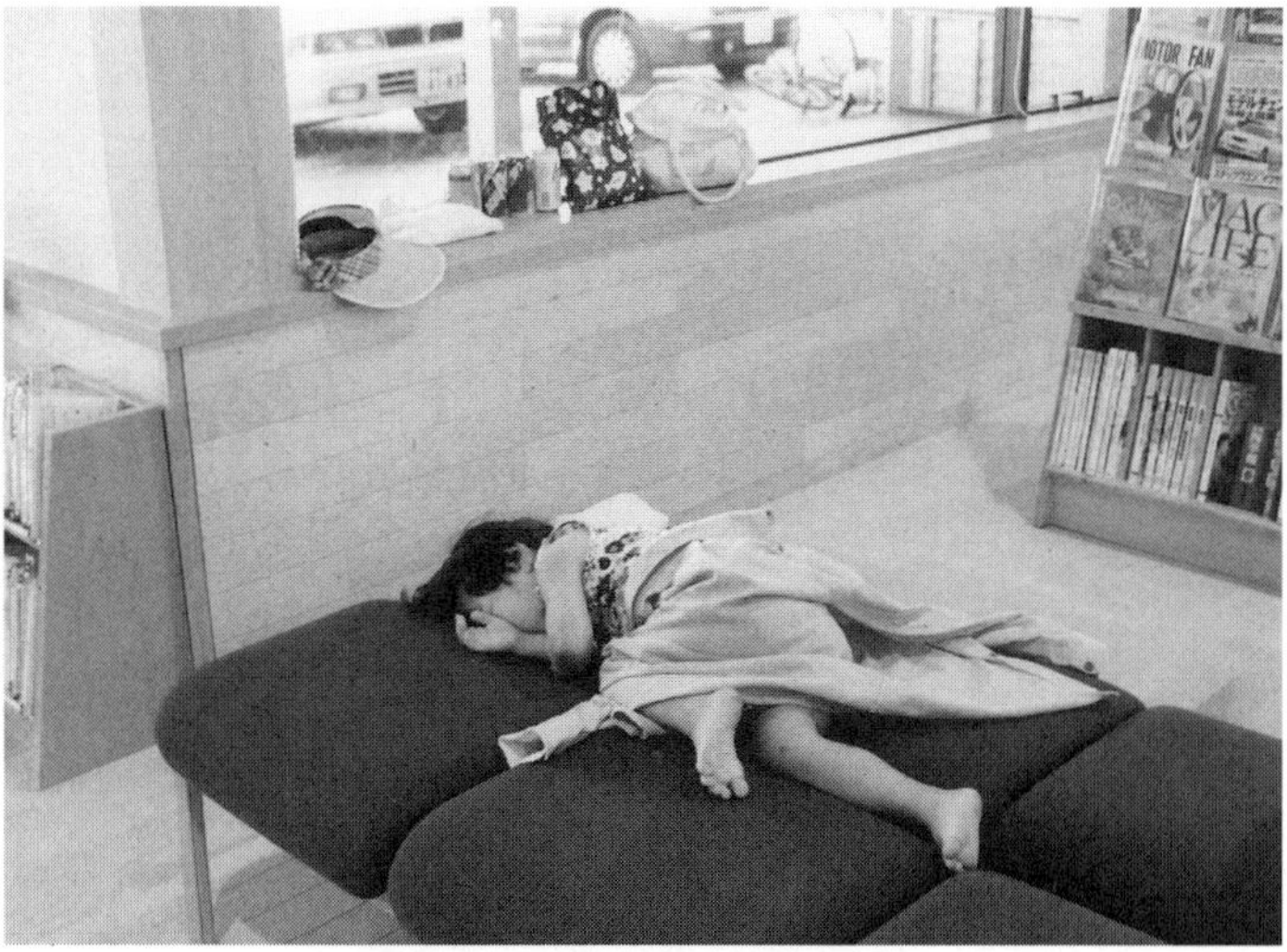

昼寝をする子ども（森山町立図書館）

楽のコンサートを楽しむ人々、一週間分の折り込み広告の求人情報を探す人、近県の美術館のパンフレット見てどこに行くかを決めている人、ボランティアとしてピアノを弾く人、水槽の魚に語りかける幼児、中庭の池で水遊びをする幼児、旅行カバンに本を数十冊詰めて返却に訪れた人、季節ごとに絵手紙を送ってくれる人、車椅子で来館した人、図書館の貸出し用のバックに本をいっぱい詰めて帰る人、備え付けのベビーカーで館内を移動する人、視覚障害者のための朗読ボランティアをするために録音室に訪れたグループ、幼稚園児の絵画展で孫の作品を見て微笑むおじいちゃん、お地蔵さんの所在マップに印をつける人、友人との待ち合わせに使う人、玄関ホールでサンバを踊るブラジル人の子どもたちなど、

京都大学オーケストラのメンバーによる弦楽四重奏

みんな愛知川町立図書館が開館してからこれまでに訪れた人たちである。

二〇〇〇年一二月にオープンしてから三年間に訪れた人はのべ二〇万人（二〇〇三年八月現在）に達した。改めて言うまでもなく、図書館は楽しみの場であり、人や情報をはじめとしたさまざまなものとの出会いの場である。

図書館がなかった町に愛知川町立図書館が開館してから、近隣の住民たちが気軽に当館を利用している。開館当日に訪れて、一日中図書館の利用状況を観察していた愛知県の田原市立図書館長の森下芳則氏は、「利用者が前々から図書館を利用しているように自然だった」と感想を語ってくれたが、その後もこの地域に住む人々はごく自然に図書館を使いこなしており、すでに図書館が地域に根を下ろしたように思われる。

これまで愛知川町には公共施設を住民が気ままに利用できる場所がなかっただけに、図書館ができてからというもの、水を得た魚のように大勢の人々がここを生活の一部として利用している。その姿は、もう何年も前に開館した図書館の日常の一コマと同じ風景で、開館前に一部でささやかれていた「果たして、どのぐらいの人が利用するのだろうか？」という心配は杞憂に終わった。

図書館の主たる目的は本や資料の提供であるが、実際にはそれ以外にもさまざまな展開を見せてくれる。人が集まる所には情報も集まり、情報が情報を呼び込んで輪が広がっていく。もちろん、情報の供給は図書館に欠かせないことだが、単にそれだけにとどまってもいけない。つまり、情報の量と質、そしてタイムリーな供給と提供が図書館の優劣を決め、それによって多くの人々を呼び寄せることになる。

「図書館学の父」ともいわれるインドのランガナタン(1)は「図書館は成長する有機体である」と述べたが、まさしく時代の進展や運動の高まり中で絶えず成長し、住民に支持をされ続けることが絶えず図書館には求められている。そしてまた、図書館という空間のステージは利用者（住民）によって演じられるものである。利用者によって使い込まれていく図書館こそが、真に成長と発展を遂げるものである。そのためには、地域の課題、歴史、文化、自然などの地域の実情に柔軟に対応することが強く求められるし、同時に高度の専門性が図書館に求められることになる。

とかく図書館では、整理技術、分類方法、おはなし会のときに必要とされる話術、コンピュータ操作法などのテクニックが重要視される傾向があるが、真に必要なのは幅広い教養と哲学をもつことである。かつてお世話になった考古学者の故賀川光夫氏が、意外にも「考古学は学際的視野からの研究が不可欠」と私に言っていたが、これは図書館の世界でも必要であるという思いを今改めて強くしている。また、そんな間口の広さこそが「成長する図書館」のキーワードとなっていることを痛感している。

(1)　(一八九二〜一九七二)。『図書館学の五原則（The Five Lows of Library Science)』を一九三一年に発表。

もくじ

第4章 愛知川での図書館づくり

図書館を遊ぶ——エンターテインメント空間を求めて——

第1章

図書館はいま

愛知川町立図書館の回廊

4

日本の公共図書館の現状

日本で公共図書館が市民生活に根を下ろし始めたのは一九七〇年代になってからであるが、これも東京周辺や大阪周辺などの大都市周辺がほとんどであった。人、モノ、情報がこれらの大都市に集まることからして当然のことであるが、だからと言って、大都市圏内の生活者だけが図書館の恩恵に浴してよいのだろうか。

近代日本の発展の一翼を担ったものの一つに学校教育制度が挙げられるが、その学校は全国津々浦々に設置されており、子どもたちの教育環境は一律に均質化されている。また、郵便、電信電話、水道、ガス、電気の整備普及も現在では学校と同じように地域間格差がほとんどない。ところが、図書館の設置率を見てみると、二〇〇一年のデータによると都市では九八パーセント以上の自治体において図書館が設置されているけれども、都市から離れた町村ではやっと三九パーセントを超えているというのが現状である。公共施設でありながら、都市と町村間の設置率の差がきわめて大きいということは大変な驚きである。同じ先進国でありながら、すべての町や村に図書館システムが確立しているイギリスなどと比較するとそれこそ雲泥の差となる。

情報を制する者がその時代を制するといわれるほど情報を入手するということは重要な意味をもっており、さまざまな情報獲得装置としての図書館の役割は計り知れない。現代の社会で「情報」といえばコンピュータやインターネットを連想するのが一般的であるが、コンピュータから得られる情報と図書館から入手する情報は別物である。つまり、コンピュータだけですべての情報が入手できるわけではないのである。それがゆえに、情報化時代を生きるために図書館は必要不可欠なものであるわけだが、残念ながらその活用経験のない人々にとってはその便利さが実感としてわいてこないのである。しかし、よく考えてみるとそれも当然で、日常生活に深く入り込んでいるコンピュータにおいてはその便利さを実感することが簡単だが、身近に図書館がない現状ではその便利さを味わうことができない。日常生活を送る範囲内に図書館があって初めて、その存在価値は高まるのである。

日本の公共図書館を「非日常施設」から「日常的施設」へと大きく方向転換させた（と言っても過言でない）東京都日野市の市域全域への図書館サービス網は、図書館を身近な存在として大きく発展させた。この地で一九七〇年代ごろから広がった「新しい図書館の波」は、その二〇年後の一九九〇年代ごろまでに全国のほとんどの都市に伝播していった。そして、この「新しい図書館の波」は、多くの人々の心を捕らえて着実に根をはっていった。また同時に、自治体の風格を高め、多くの文化活動振興や生活の質的向上に一役かって住民の信頼を得てきたのである。図書館が誰にも受け入れやすい生活の施設であることはいうまでもないが、ここで改めて、スポーツ施設などの他の公共施設と異なる図書館の長所を挙げてみよう。

❶赤ちゃんから老人まで、誰でも無料で好きなときに気軽に利用ができる。

❷場所によっては、全住民の五〇パーセント以上が利用することもあるきわめて利用率の高い施設である。
❸本や雑誌を購入しなくてもすみ、家計の支出を助けてくれる。
❹人類が獲得した智恵を蓄積し続け、未来の人々へ橋渡しをするシステムは、財産を形成していく観点から税金の有効な使途として多くの人々から支持されている。

このように、有益な図書館の普及がなぜ日本では遅れているのか？　その原因として町村の財政事情が挙げられるが、必ずしもそれは正しくない。なぜならば、図書館未設置の自治体においても豪華な公共施設が建設されるという例は枚挙にいとまがないからである。町村レベルでの図書館設置を阻んでいるのは、その自治体において、図書館活動の青写真を描いてそれを実行可能なものにするだけの説得力をもった指導者がいないからではないだろうか。

それでは、どうすれば図書館を設置することができるのだろうか。具体的な方法はのちの章において記述することにするが、まず必要とされるのが、住民、首長、職員のそれぞれが図書館に関してバランスのある情報を収集することである。そして、図書館の重要性と必要性をみんなで認識して図書館建設の方向に向かうことである。その結果、ある自治体で優れた図書館ができると、それが具体的なサンプルとなって連鎖反応のように周辺の自治体に図書館建設が波及していく。そして、その波はどんどん広がっていき、図書館未設置の自治体の住民、首長、職員を覚醒させることになり、図書館建設の機運が醸成されていくことになる。

かつて滋賀県は、町村立図書館の設置率が全国でも最下位に近い状況であったが、現在はトップレベルに位置している。これは、モデルとなった図書館が周辺の自治体の図書館づくりにまさしく大きく貢献して、県全体に広がったためである。他県においても、滋賀県のように図書館のある風景が当たり前となることを願っているし、そのために私にできることは何かを常に問い続けていきたい。

多様な図書館イメージ

「学校」と聞いて、みなさんはどんなイメージに描くのだろうか。多くの人は「小学校」、「中学校」を頭に描くであろう。そして、誰もが同じような経験をもっているため、そのイメージはそんなには変わらないであろう。それも当然で、先にも述べたように、学校は一八七二年の学制の発布以来、全国津々浦々にまで普及し、地域間における格差がほとんどないため、それぞれの人が描く学校のイメージには大差がないのである。

それでは、図書館はどうだろうか。図書館は、言葉として知らない人はいないと思うが、学校と同じようにイメージを共有することができないのではないだろうか。理由は簡単で、地域によってその設置状況と構造物が著しく違うため、これまでに利用した図書館によってそれぞれが描くイメージが大きく異なるのである。たとえば、公共図書館がない地域で「図書館」と言えば小・中学校の図書室をイメージするであろうし、開放的な図書館が身近にある所では明るい住民のための図書館をイメージするであろう。また、仮に図書館があってもそれが時流に遅れたものである場合は、利用しづらい暗い図書館をイメージすることになろう。

このように、それぞれがこれまでに見聞きした範囲内での図書館のイメージをこれから先ももち続けられ、場合によっては、本当の意味での図書館に出合うことなしに人生を終えられる人もいるのではないだろうか。

先にも少し述べたように、日本の公共図書館活動において先駆的な役割を担った日野市立図書館のある東京都日野市の住民が「この図書館のある町から離れたくない」と言ったといわれるが、そこまで住民に支持され、まさしく図書館が生活の一部になっていることを考えると、行政のサービスというものを改めて考えざるをえないのではないだろうか。行政の仕事として何を優先するべきかについては、当然、各自治体の判断があるわけだが、人類が有史以来現在までに獲得した智恵を保管している図書館より優先しなければならないほどの行政サービスがほかにあるのだろうか。

とはいえ、残念なことに全国の約六割の町村には公共図書館がないのである。そして、それがゆえにイメージを共有できないのである。また、仮にあっても、その利用内容が違うということ

日野市立図書館（裏庭から）

表1 図書館のサービスの違い

館　名	休館日	開館時間	冊　数	貸出し対象者	貸出し期間
北海道小清水町図書館	日	10:00−18:00	制限無し	広域圏	2週間
青森県むつ市図書館	月	9:00−19:00	5冊	広域圏	2週間
滋賀県湖東町図書館	月・火	10:00−18:00	制限無し	町民	3週間
大分県大分市立図書館	月	10:00−21:00	5冊	広域圏	2週間
山形県上山市立図書館	水	10:00−19:00	5冊	広域圏	2週間
東京都多摩市立図書館	木	10:00−17:00	5冊	広域圏	2週間
栃木県宇都宮市立図書館	金	9:30−19:00	制限無し	広域圏	2週間
秋田県八郎潟町立図書館	土・日	8:30−17:00	5冊	町民	2週間
佐賀県佐賀市立図書館	月	10:00−19:00	制限無し	広域圏	2週間
長崎県香焼町立図書館	日・月	10:00−18:00	5冊	制限無し	2週間

＊各図書館に問い合わせて筆者が作成。

もイメージを共有できない要因となっている。ここで、各図書館のサービスの違いを簡単に比較してみよう。

表1に見るように、同じ公共図書館でも利用条件がかなり違っている。当然、学校の場合は図書館のような差はほとんどない。これらの利用条件に加えて図書館の場合は、建物の規模、選書の水準、蔵書冊数、新聞・雑誌の購入数、年間の図書購入予算、職員数など、どれをとっても同規模の図書館を探すのはきわめて困難である。また、同規模の人口、同レベルの図書館であったとしてもその利用状況は必ずしも同じではない。ほとんどの人は、自分が利用する図書館とほかの図書館を比較する機会をもち合わせていないので、日ごろ利用している図書館のイメージがそのまま固定されることになる（五二、五三ページの**表4**も参照）。

イメージは、一度でき上がってしまうとそれを払拭するために相当なエネルギーを要する。優れた公共図書館に接する機会のない人々にとっては、小学校、中学校、高校、大学の図書館の利用経験がすべてとなり、またこれらから受ける影響が大きすぎて、住民のための図書館づくりという発想など期待することが無理なのかもしれない。しかし、住民の間に図書館のイメージを共有できないことが、日本において図書館の発展を遅らせている原因とも考えられる。また、図書館のイメージの差そのものが地域間の図書館格差として顕著に現れているようにも思える。

それでは次に、現在利用している図書館がどういう状況かを見ていくことにしよう。

あなたが利用している図書館はどんなところ?

「あなた使っている図書館はどんな図書館ですか?」と問われても、返答に困ると思われる。少し長くなるが、次のような具体的な質問を挙げることで、現在利用している図書館の実像をイメージすることができるのではないかと思うので、想像しながら読み進めていただきたい。

❶図書館長は図書館にいますか?

図書館を代表する顔であり、対外的な折衝や職員の統括などの最高責任者であるのだが、館長が図書館に不在のケースがある。館長は業務の中心にあり、野球やサッカーの監督と同じように組織的な仕事を遂行するためには欠かせない存在である。また、開館中のあらゆる事態に対処するためにも権限が発揮できる館長がいることが望ましい。しかし、所によっては図書館長と教育長を兼務しているという残念なケースもある。実際問題として、教育長が図書館の現場で指揮を執るのは困難なはずであるが、図書館長としての職務内容が認知されていない自治体においてはこういうケースもあり得るわけだ。

図書館は開放的な施設がゆえに、不特定多数の不規則な訪問を受けることが日常となる。利用率の高い図書館ほど複雑で多岐にわたる問い合わせを受けることになるので、責任者である館長の適切で迅速な判断が必要となる。

❷図書館長は司書資格をもっていますか？

専門職集団を統括する館長が職務内容を熟知していなければ職員への的確な指示を出せるはずがないので、運営する以上最低限でも司書資格は必要となる。図書館の日々の仕事である選書、調査相談、図書館行事、利用者への対応などに至るまで司書資格を取得するまでに身に着けた知識や技術が必要となり、監督者である館長はこれらを踏まえた上で初めて適切な指示を出すことが可能となる。

日本図書館協会から毎年出版されている『図書館年鑑』や『日本の図書館』において全国の図書館長の司書資格の有無が一目で分かるが、残念なことに資格のない館長が大半を占めているのが現状である。この事実は、それぞれの自治体がどのような図書館を設置しているのかという基本的な姿勢が問われることにもなる（六一ページの**表5**も参照）。

というのも、四月の人事異動の段階で仮に無資格の館長を配置しても、その年の七月には司書講習があり、現に新任館長をそれに派遣した大分県立図書館や福岡県小郡市立図書館の例もあるわけで、自治体の工夫次第ではいかようにも対応が可能なわけである。それを怠っていること自体が、図書館長の職務への理解度が低く、その格差を広げているように見受けられる。自治体における図書館の発展を目指すためにも館長の司書資格保持はその第一歩となり、きわめて重要な意味をもってくる。そして、館長の司書資格は対外的なイメージや自治体内部の説得力だけにとどまらず、職員の勤労意欲にも大きな影響を与えることにもなる。

❸図書館長の司書資格が条例規則に反映されていますか？

図書館の仕事は継続と質が要求されるわけだが、それを最低限度保証するためにも、館長資格の要件の裏づけとなる各自治体での条例規則の明文化が必要不可欠となる。

一九九九年一二月二二日に図書館法一三条が改正されてから、国から補助金の交付を受ける地方公共団体の設置する公立図書館の館長となる者の司書資格要件部分の第三項が削除されたが[(1)]、これをもって図書館長には司書資格が不要であるとした対応が一部の自治体で見られるようになった。そもそも、国の図書館建設費補助金交付の条件としての色彩が強かった条項であり、すでに国の図書館補助金がなくなって形骸化していた条項である。そんな条項の変更に振り回されることなく、図書館のレベルアップを目指す必要がある。現に、館長の司書資格を条例規則に生かしている自治体もまだ現存している。

❹図書館長は課長相当職以上ですか？

これは、自治体の中での図書館の位置づけにかかわる重要な問題であり、自治体の図書館に対する姿勢を示すものである。図書館長といっても、図書館によっては係長クラスの館長や課長補

（1）改訂前の図書館法第十三条第三項——国から第二十条の規定による補助金の交付を受ける地方公共団体の設置する公立図書館の館長となる者は、司書となる資格を有する者でなければならない。

◇図書館条例・図書館管理運営規則

図書館条例の設置は、どの自治体においても意外に見落とされがちである。なぜならば、条例集を開かないかぎり住民が目にすることもなく、表舞台に登場することも滅多にないからである。建物があって本さえあれば図書館ができた気持ちになるようだが、逆に建物がなくても条例さえあれば図書館として機能するのである。

図書館条例とは、住民に対して行政として図書館サービスを行うことの宣言であり、その責任の所在を明確にしたものである。よって、その中には行政としてどのようなサービスをするのかという内容が盛り込まれている。そして、ここに書かれてある一文一文が重要な意味をもってくる。最初に図書館条例の草案を作成した緒方町のとき、当時の波多野正憲町長が「条例に血を通わせるのが職員の役割だ」と述べて、さらに「いかに条例の理念が優れていようとも、その条例を生かす努力をしなければならない」と言って書類に決裁したことを今でも覚えている。

条例や規則には貸出し条件や開館日など、直接運営にかかわる決まりが定められており、制定時には慎重な対応が要求される。なぜならば、一度制定されたら簡単には改正ができないからである。要は誰のために図書館があるのか、そして利用者のために図書館というシステムが使いやすいようにできているのかということを考えてつくらなければならない。

日ごろの業務の中ではつい条例のことは忘れがちとなるが、条例に基づいて仕事があることを常に考える必要がある。いくら条例や規則に館長や司書の有資格条項を盛り込むことができても、実践が伴わないと理念倒れになり兼ねない。

（　巻末に、愛知川町立図書館の管理運営規則の全文を掲載したのでご覧いただければ幸いである。）

佐クラスの館長、嘱託の館長などが現実には存在している。これらの職制では、職務権限上、日常業務に影響を及ぼす場合が多い。事務の執行や職員の出張命令、図書購入の決裁、事務分掌など即時の判断が必要とされる業務において、課長職でない館長では円滑にさばくことができない。また、役所内での相対的な地位はもちろん、議会、住民など外部に対する図書館の地位の確立にもつながることゆえ課長職以上の職制が求められる。

❺職員は正職員ですか？

専門職としての司書が長期にわたって仕事を続けてその専門性を高めていくためにも、職員の立場は正職員であることが求められる。しかし、正職員がゼロという図書館が存在しているのも日本の図書館の現実である。山崎眞秀（元静岡大学教授）氏は、『公共図書館の現在と未来を問う――公立図書館のあり方と委託問題――』（「公立図書館の管理委託を考える」実行委員会発行、一九九四年）において、専門職について次のように述べている。

「相手の求めている課題と相手自身の状況を的確に認識・判断した上での裁量的決断が不可欠である点で特徴的である。そしてまた、職務能力・力量の向上のために、より多くの経験を積むことと不断の研修がなされなければならず、また高度の職業倫理意識を培うことが必要である。専門職とは、以上のような意味と属性をもつ職業なのである」

裁量権的決断も、より多くの経験を積むことも、正職員の立場でしか解決できないものであるため、正職員であるかどうかは今後の図書館の存亡にもかかわる重要な問題となる。

❻利用者に応対している職員は司書ですか?

病院で患者に応対するのは医師であり、学校の教室で生徒に応対するのは教師であるのと同様に、図書館でも利用者に応対するのは司書でなければならない。一見すると、図書館職員の姿は本を貸出しする人としか映らないかもしれないが、館内にない本をネットワークを使って手配することや、利用者のおぼろげな記憶を手掛かりとして行う本の検索、さらに日常生活上の疑問や調査研究のお手伝いなど、目に見えない仕事も重要な職務の一つとして行っている。しかし、このような目に見えない職務は、大多数の利用者にとっては図書館のサービスであるという認識がない。司書は、読者や調査研究の水先案内をしてくれる存在であり、本と人を結び付けるための専門知識と経験を積んだ、利用者にとってはこの上なく便利な存在なのである。決して、本を管理するだけの番人ではない。

❼カウンターで複数の職員が応対していますか?

今述べたように、図書館のカウンターは図書の貸出しや返却の仕事だけでなく、調査相談や館内案内などのサービスの最前線であり、フットワークの良さが求められるポジションである。そのため、利用者に応対できるだけの人員配置がいつもされているかということが問題となる。図書館に行った際に職員に質問などをしようとしても、職員が本の貸出し作業や返却作業に追われていて声をかけづらい雰囲気であれば完全な職員不足であり、本来の図書館サービスとは無縁な状態と考えてよい。

❽図書館職員は役所の職員の中でも優秀な方ですか？

かつて「使いものにならない人が図書館に回されている」と揶揄されたことがあるが、自治体内でも優秀な職員が配置されていてこそ図書館の地位は高まるのである。常にあらゆる情報に囲まれ、日々の仕事で鍛えられていることを考えれば、その位置づけは自治体のリーダーとして養成されているようなものである。「ある役場の幹部が職員に向かって『図書館の職員を見習え』と言った」という話を滋賀県立図書館の館長である梅沢幸平氏から聞いたが、図書館職員が職務に忠実でありさえすれば住民に奉仕する感覚は鍛えられるわけだからそれも当然である。

住民にサービスを供給することを主務と

愛知川町立図書館の日常風景

する以上、利用者の立場に立った対応が要求される。慇懃無礼な態度が利用者に不快な思いを与えたり、利用者を必要以上に叱るような図書館であれば誰も利用しなくなる。利用者がお客様であることを忘れて、どうしても施設管理を優先する方向に運営を考えがちの所が多い。図書館員であれば、いかに利用者が満足するかを常に考えてサービスを主眼にした管理体制を考慮すべきであり、主客が転倒すると図書館サービスは存在しないということを肝に銘ずるべきである。

❾図書館協議会(2)が機能していますか?

住民の声が図書館の運営に反映されるためには、図書館協議会が機能する必要がある。一つの目安として、協議会委員の中に利用者がどのくらいの比率において選出されているかがポイントとなる。まさか、協議会委員でありながら一度も図書館を訪れたことがない人はいないと思うが、協議会が利用者としての意見が出される場であることを願う。

❿何か調べものをするのに頼りになりますか?

日常生活を営むために必要な情報の入手や、仕事および自己実現のための資料検索などの機会にすぐ図書館が頭に浮かぶかどうかが重要となる。たとえば、時刻表と地図、旅行案内書を使っての旅行計画作成、通信教育などでの副教材を使ってのレポート作成、日曜大工での技術的な手助け、身近な生活上の疑問などで調べものをするのに住民が気軽に図書館を使っているかどうか、ということである。言い換えれば、課題が解決できるほどの資料が図書館に揃えられているかということである。

⓫新聞は、中央紙、地方紙合わせて五紙以上ありますか？

家庭での購読紙のほかに数紙を比較、閲覧することができ、過去の新聞も保存されて活用できることは図書館としての絶対条件である。いくら中央紙といえども、会社のカラーや得意分野の違いがある。またその一方で、きめの細やかな取材に基づくローカル色豊かな地方紙の記事もある。こうしたそれぞれの新聞を個人がプライベートで購読することは稀であり、たとえ購読ができたとしても大きな経済的な負担や時間のゆとりが必要となる。各紙を読み比べる必要や特定の主題を横断的に記事検索する必要からも、五紙以上の新聞の配架は必要である。

愛知川町立図書館では、開館時に地域の事情も考慮して、ポルトガル紙、英字紙、農業紙も含む一四紙を配架した。

⓬新聞は一年以上保存されていますか？

日本の大多数の人々は、新聞に毎朝目を通して社会の動きを確認して毎日の仕事に就くことが日課となっているが、多忙がゆえに、なかなか深く読み込むことができないという現実もある。大事件や特定の主題、あるいは後日確認したくなった記事が手元にない場合に、新聞が保存され

---

(2)　図書館の運営について、住民の代表から要望や意見を聞き、図書館運営に反映するために置かれたものである。自治体の条例や規則で人員構成や任務が定められており、通常は、会議が年に数回程度開催されており、その意見は図書館経営に生かされている。

ている有り難さを実感する。そのような利用の場合は、新聞の発行日から一年以内というのが圧倒的に多いし、新聞の縮刷版が発行されるまでの期間は現物に頼らざるを得ないのが実状である。情報の宝庫である新聞の保存はどんな図書館であっても重要な仕事の一つであるが、保存スペースや縮刷版の発行などを考えて、せめて一年以上の保存スペースを最低限度確保すべきである。

⓭日ごろ見かける雑誌が十分にありますか?

雑誌も新聞同様に社会を映す鏡であり、さらに新聞に比べて特定の主題を深く掘り下げることから、雑誌からの情報入手も生活上重要な役割となる。また、週刊誌、月刊誌、季刊誌の閲覧は図書館利用者の楽しみでもあり、図書館の大きな魅力の一つとなっている。出版状況や利用者のニーズを考慮すれば、週刊誌が一〇タイトル以上、月刊誌は五〇タイトル、季刊誌一〇タイトル以上が必要とされる。

⓮大学生の一般教養のレポート作成に役立ちそうですか?

大学への進学率の高さや近年の生涯学習の質的変化を考慮すると、専門的な分野の基礎的レベルの図書の充実が重要となる。大学生が初期段階で学ぶレベルは平均的な住民にとっても専門知識を深める第一歩となり、そのレポート作成のための参考文献は資料として図書館において必要となる。これらの水準の資料が多くの図書館で確保され、量的にも充実すれば、大学生が帰省中でもレポートが作成でき、そのおかげで郷里での滞在時間が長くなることや、通信教育の質的な向上においても大きく寄与できる。

⑮毎週、新刊書を目にすることができますか？

全国で毎年出版される図書は七万点以上に及んでおり、その大半が数年で姿を消していることを考えると、出版される本は早めに入手する必要がある。また、読者の心情として新しい本を一刻も早く読みたいと思う以上、図書館がどのような姿勢でこの要望にこたえているかがポイントとなる。購入予算の問題もあるが、可能なかぎり多くの新刊書が供給されるシステムにすべきである。

⑯著名な作家の本に出合えますか？

図書館では、偏った資料群よりメジャーな作家の代表作や国内外の著名な古典を蔵書構成上において優先することは言うまでもない。価値の定まった人類の叡智としての古典は、時空を超えて大きな力をすべての読者に供給してくれる。図書館に馴染みのない人が、自らが知っている書名によって図書館との距離を縮め、最寄りの図書館の扉を開く機会ともなる。そして、欲を言えば、書架を眺めただけで琴線に触れるような本との出合いが用意された蔵書構成が必要である。また、それぞれの読者の現在の実力では読破できなくても、いつかはチャレンジしてみようという思いを抱かせるような配架も考えるべきであり、個人の興味の深度にあわせた段階的な資料の収集を心掛けるべきである。

⑰地図、写真など、本以外の資料も豊富にありますか？

図書館と言えば本だけを連想する人が多いと思うが、図書館法第三条によれば、郷土資料、地方行政資料、美術品、レコード、フイルム、図書、記録、視聴覚資料を収集することになっており、さまざまな資料は図書館の大きな魅力の一つでもある。たとえば、地形図、海図、古写真、絵画、リーフレット、パンフレットなど、さまざまなジャンルの資料の収集に対する配慮も必要である。

⑱大活字の図書や拡大読書器がありますか?

あらゆる層に受け入れられるためには、あらゆる人々の読書への障害を取り除くことが必要となる。目に障害のある人々に対して大活字本や拡大読書器が配置されていることも、現在の図書館においては当然となる。また、身体的障害のある人や乳幼児のために車椅子や乳母車を常備しておくこともこれからの図書館においては必要である。

⑲利用している図書館にしかないような地域特有の資料がありますか?

生活している地元の理解を深めるためにも、地域固有の資料収集が必要とされる。地元のことを調べるためには、図書館がまず一番に住民に意識される存在として確立され、誰もが気軽に利用でき、要求にこたえられるだけの地域資料が保存されている所が図書館でなければならない。

⑳利用者が気軽に利用できるコピー機はありますか?

新聞、百科事典、図鑑など、館外への持ち運びが大変な資料は、著作権の範囲内で必要な部分だけコピーすることになる。すでに多くの所で設置されてはいるが、手続き、料金、機械の性能などの面で格差があるようだ。気軽にコピーできる環境が利用形態も広げることになる。

㉑リクエストにすぐに対応してくれますか？

住民のために図書館がある以上、所蔵していない本のリクエストにこたえるサービスは当然のことではあるが、そのサービスがどこまで行き届いているのかが問題である。先日、東京近郊の図書館を利用した人から、「リクエスト者が一人だと購入できません」と職員に言われたという話を聞いた。住民の要求に根ざすことを運営の主眼としている図書館である以上、リクエストへの対応は最優先事項である。もっとも、場合によっては対応ができないケースもあることを付記しておく。

㉒CD、カセット、ビデオ、DVDなどが館内で視聴できますか？

現在、どの家でも多様な視聴覚空間が存在しているだけに、図書館においてはそれ以上のレベルのものを設置しないことには住民の要求にこたえることはできない。さまざまな視聴覚資料を楽しめる最良の設備を備えた空間は、図書館の魅力を広げ、幅広い層の人々の来館を誘うことになる。

㉓本を借りた記録が残っているというような不安はありませんか？

貸出し記録を残さないなどのプライバシーの保護も図書館の使命であるため、個人情報の保護には最大限の配慮をすべきである。以前は、借りた人の名前が本についているカードに残っていたが、コンピュータで管理している現在でも違った形で個人の記録が外部に漏れる可能性がある。あくまでも、完全に住民側の不安を払拭することが求められる。

㉔一度に、本を一〇冊以上借りることができますか？

一つのテーマを調べるのに多様な複数の資料の確保が必要なため、最低一〇冊以上の資料が借りられる環境が必要である。たとえば、週刊誌のバックナンバーの連載記事を調べるためには四、五冊が上限だということになると意味をなさなくなる。可能であれば貸出し冊数の制限をなくして、必要とする冊数がすべて借りれれば申し分ない。また、その貸出し期間は、日々の生活時間や読み終えるまでの所用時間を考慮して、最低二週間以上の猶予が必要である。そして、夜間や休館日にでも返却できるようにブックポストの常設が必要となる。

㉕本は清潔で、フイルムなどのカバーが掛けられていますか？

資料保存と毀損《きそん》防止のために、フイルムなどの装備が必要である。多くの人々に長い期間にわたって利用していただくために、本の保護と汚れ防止のための最低限の配慮としてフイルムコーティングをする。

㉖利用者は寛いで図書館を利用していますか？

利用者が自分の書斎や離れの感覚で利用できる雰囲気が必要であるが、それだけでなく、そのような気持ちにさせる職員の対応も重要なポイントとなる。トラブルを過剰に意識するがあまりに管理を強化して、利用者を締め出すようなことは本末転倒である。図書館サービスの基本は、利用者との信頼関係から始まることを肝に銘ずるべきである。それらをクリアすることによって、利用者が一日中図書館で過ごすことも可能となってくる。より快適な空間とするために、温度や湿度の調節や机や椅子の配置も重要となってくる。

㉗利用客は学生より一般の人の方が多いですか?

受験生や学生に図書館を勉強部屋代わりに占拠されて、一般の人が入りづらい雰囲気になると図書館の利用率は悪くなる。図書館は勉強する所というイメージが支配的になると、図書館に必要とされるのは単なる空間ということになる。図書館にある本を利用する空間が図書館であって、受験のためだけの学習室ではない。

㉘注意事項などの張り紙が目に付きませんか?

大多数の善良な人には問題がないのに一部の不心得者のために張り紙を出さざるを得ないこともあるが、それも目立つようであれば善良な利用者に対して不快な思いをさせてしまうので、気を付けなければならない。図書館はホテルに似たところがあり、利用者には気持ちよく利用していただくことが第一である。問題があれば、直接問題を起こしている人に対して注意すべきである。それがゆえに、毅然《きぜん》とした職員の態度も求められる。

㉙書架の中に入れますか?

すべての本が自由に手に取れて確認できることが理想なだけに、開架書庫などの方法を検討し、可能なかぎり利用者にオープンにすることが求められる。利用者の貴重な時間を奪わないためにも、タイトルや目録だけでなく実物に触れる方策を講ずるべきである。

㉚個人学習のためのキャレル(スペース)がありますか?

図書館に滞在して時間をかけて調べものをするためには、集中して資料に接する場も必要となる。専有空間であることがほかの利用者にも一目で分かるよう、机が仕切り板で囲われたキャレルが四〜一〇席ぐらいは是非設置してほしい。

㉛コンピュータで図書が検索できますか?

利用者の資料の検索時間を短縮するためにも、コンピュータによる検索システムは必ず必要である。また、その機械は、単純明解で子どもから高齢者までが簡単に使えるようなタッチ画面式にすることが望まれる。

㉜インターネットが図書館に導入されていますか?

情報検索のシステムとしてインターネットは欠かせないものであり、今後ますますの活用が望まれる。館内のどこかに配置されていて、出版情報にとどまらず、本の利用とともに併用して知識を広めたり深めるためにも必要である。

㉝掲示板によってさまざまな情報が得られますか?

図書館の行事、他の文化施設の案内、イベント情報、公募情報などのチラシ・ポスターの掲示が常時されていることが必要である。図書館は、生きた情報との出合いの場という性格上、本以外のさまざまな資料の収集と提供が求められる。

㉞映画会、コンサート、おはなし会などが定期的に開かれていますか?

さまざまな行事を通して、出会いの空間としての位置づけ、そして図書館利用者の裾野が広がることが望まれる。また、利用者が本によって想像力が豊かになることによって、それを越える音や映像、そして実物に触れたいという要求もわき起こってくる。そうした要求を踏まえていくことによって図書館の裾野は広がる。今すぐにできなくても、それらに取り組んでいくことによって新たな要求の掘り起こしにもつながるので、規模はともかく実現させたい。

以上の三四項目から自分が現在利用している図書館を見つめてみると、やや客観的な立場から評価することができると思う。あなたが日常的に使っている図書館は、この質問項目にすべて「はい」と答えられますか。「残念ながら、答えようにも図書館がない」と答える人、「自分の町の図書館

おはなし会の後で折り紙づくり

は項目の半分しかクリアしていない」と答える人、「自分が使っている図書館はすべての条件を満たしている」と答える人、「自分の町には図書館があるが、この項目のすべてにおいてノーであった」と答える人もいるかもしれない。

たとえ同じ建設費用や同じ図書購入費用をかけたとしても、考え方の違いから完成した図書館はまったく異なるものになり、納税者の一人として複雑な気持ちになる場合もある。少なくとも図書館は、設計者のモニュメントであったり為政者の飾りものではない。真の意味での使い勝手のよい、頼りになる図書館が身近に欲しいものである。まだまだ、日本の図書館は発展途上にあるといえる。

多様な可能性を秘めた図書館

一九九四年一月から三月にかけて、私はイギリス国内の図書館を見学する機会を得た。私自身、それまでの図書館のイメージを大きく変える転機ともなったので、見聞した図書館においてびっくりしたことなどを少し述べてみたい。これまで記述した日本の状況と比べながら読んでいただくと、その違いに驚かれるはずだ。

もっとも衝撃的であったのがロンドン郊外の「レディング市中央図書館」で、ビジネスマンが図書館司書への調査相談のために列をつくって待っていたことである。これまでに、私は日本全国の図書館を数百館ほど訪れた経験があるが、こんな光景は一度として見たことがなかっただけに言葉も出ないほどのショックを受けた。第一線で活躍しているビジネスマンに情報を提供している司書の姿は、日本の図書館職員との実力の差であり、社会的地位の差となって映し出されている。

二〇〇一年一〇月に開催された全国図書館大会(3)（岐阜市）で慶応大学の糸賀雅児教授は「短大での司書養成は廃止すべきだ(4)」と述べたが、イギリスでの司書の仕事ぶりを見ると日本の図書館の抜本的な改革が早急に望まれることは事実だ。

現行のままでは優秀な人材は図書館に集まらないし、図書館の社会的地位も高まらない。日本の学校職員がまずまずの水準にあるのは、それなりの待遇改善がなされた結果と考えられる。戦後の混乱期に教師不足のために代用教員制度などにより教師の門戸が広められたり、多少の問題を抱えながらも現在まで人材の確保がされてきたことは評価されることだ。それに比べて、図書

（3）全国の図書館二七七一館の館員と研究者および関係団体員などが参加し、図書館の方向性や課題を研究協議する図書館関係の国内最大の集会。毎年秋に約二〇〇〇人規模で開催される。参加対象が国内の図書館関係者のほとんどを網羅するため、大会での協議内容は大会後の国内の図書館活動に大きく影響を与える。

（4）図書館においてより専門的な情報を提供することを考えれば、四年制大学以上の知識を必要とするという意味においての発言。

館の職員の養成に関してはまったく手付かずであったといえるのではないかと思う。

本を選ぶためには、本の価値を選者が知らなければばならない。ごく当たり前のことである。すべての学問領域に精通していなければ本の価値など分かるはずがないと思うのだが、日本の図書館界では、この選書という仕事を決してすべてに精通していない担当者に委ねている場合が多い。

イギリスで訪れた図書館職員の名刺には、文学士、理学修士というように、名前の前に自分の専攻分野が書かれていた。日本では、司書採用試験で専攻分野を問われることはまずない。最近、県レベルの博物館学芸員採用時に専攻内容や修士課程修了を条件として募集するケースが増えてはきているが、同じように専門性が求められる司書

イギリスの田舎にある図書館のカウンター

において大学で何を学んだかを問われないのは不思議である。それに、小・中・高校の教師は国語、英語、理科、社会などの自分の専門分野の教科免許をもっているが、図書館の司書にその必要性を問わないどころか誰も問題視してこなかったことも不思議だ。高学歴社会といわれて久しい現在に、図書館の方が取り残されているようにも思える。

のちに詳述するが、かつて森山町の図書館開設の準備室にいたころ、大学院で理学博士号を取得したスタッフから人文系出身者による理科系の本の選書について感想を聞いたことがあった。人文系の人にとっては難解と思われていた本が、理科系の人にとっては入門書であったというバランスの悪い選書であった。まさしく、日本の図書館が抱える問題点を浮き彫りにしたようなコメントであったが、時代の高度化や社会の高学歴化が進んでいる日本において、なぜその専門性を求める声が聞こえてこないのであろうか。

もう一つイギリスの図書館で驚かされたのは、その利用率の高さである。人口約六〇〇〇人の、スコットランドのノースベリックという町の図書館を訪れたのはその年の二月の初めの寒い日であった。雪が舞う中で、図書館の開館を待つ約三〇人ほどの人々を見て驚愕した。都会のデパートの開店を待つ風景かと、錯覚したほどであった。

日本国内の利用率が高い図書館であっても、平日の開館前から入り口に列ができる図書館なんてそうは存在しない。開館後すぐに汗だくで応対する図書館員の姿を見て、いかに図書館がその町に根付いているのかを見せつけられた気がした。ごく自然に住民が図書館を使いこなしている風景は、図書館創設を仕事にしている人へのエールでもあった。日本でも、先に述べたような利用者へのサービスを常に考えていけば、いつの日かイギリスのように開館前に入館を待つ利用者の列ができて、館内はその人々で溢れるという情景が現れるはずである。

今の学校制度の充実を江戸時代の寺子屋のときには誰もが想像できなかったように、わが国の図書館も萌芽期にあると言ってよい。現行の中学校制度が当たり前のように国民生活に浸透しているが、意外にも、これは戦後になって整備された制度なのである。一八七二年に学制が発布され、その七六年後の一九四八年に今日のような学校制度が確立した。このような展開を考えてちょっとイヤミを言うと、図書館法は一九五〇年に制定されているので、その七六年後の二〇二六年ごろまでは図書館界に新たなシステムができ上がらないのかもしれない。

新システムには、人的な配置として、各学問分野を専攻したそれぞれのスタッフが欠かせない。これから四半世紀先の図書館関係者のために、どんな人材がコミュニティー図書館に必要かを提案したい（**表2**を参照）。これは、図書のすべての分類分野においてその専攻者が一人以上配置されるように考えたものである。つまり、中学校における各教科担当の教師の配置と同じ発想に基づくものである。学歴がすべてでないことは承知しているが、医学部を卒業していないと医師にはなれないことを誰もが認めるように、専門的な職務を遂行するためには利用者の誰もが納得するだけの学習歴は必要と考える。また、そうでないと、イギリスの図書館のような応対はできないのではないだろうか。

表2　コミュニティー図書館における司書の人材一覧

館　長	大学院修士もしくは博士課程修了者 専門職の経験者
司書頭	大学院修士もしくは博士課程修了者 専門職の経験者
0門　総記担当司書	大学以上で書誌学および情報学等を専攻
1門　哲学担当司書	大学以上で哲学関係分野を専攻
2門　歴史担当司書	大学以上で歴史学、地理学等を専攻
3門　社会科学担当司書	大学以上で法律、経済、社会学等を専攻
4門　自然科学担当司書	大学以上で自然科学分野を専攻
5門　技術産業担当司書	大学以上で工学分野を専攻
6門　産業担当司書	大学以上で農業、商業、製造分野を専攻
7門　芸術担当司書	大学以上で芸術分野を専攻
8門　言語担当司書	大学以上で語学分野を専攻
9門　文学担当司書	大学以上で文学分野を専攻

この図のように担当司書を配置するとなると、図書館には一二人の職員が必要となる。現在、日本国内のどんな小さな町でも中学校には教職員が配置されているわけだから、中学校並みの体制を目標とすれば決して実現不可能なシステムではない。なぜなら、二〇〇二年時点で、滋賀県内のもっとも人口規模の小さい朽木村（人口約二五〇〇人）の朽木中学校には一三人の教職員が配置されているという事実がそれを裏付けている。

図書館の真のレベルアップを図るためには、職員の水準を引き上げる以外に道はない。しかし、残念ながら、図書館の専門性を前述のような単なるテクニック（整理技術やコンピューターの操作技術など）のレベルでしか捉えられない人々によく出会う。テクニックは訓練すれば習得できるが、肝心の創造力、想像力、応用力、知性、感性を磨くという面ではどうだろうか。さらに根源的な問題として、あらゆる分野の本を提供する司書が自らも最低限一つは専門分野をもち、研究的な方法論を知らなければ資料を提供することはできないはずなのに、日本の図書館界ではこのことを重要視してこなかった。先ほども述べたように、どんな地方においても高学歴化が住民の側に進み、それにともなって図書館への要求も高度化している。その要求に的確に対応することができるようになれば、図書館職員の力量アップにもつながり、多様な可能性を押し広げる図書館へと成長していく可能性も拡大していくものと思われる。つまり、多分野出身の、優れた熱意のある司書の配置こそが地域振興において必ず寄与するということである。

しかし、日本の図書館の現状を見ると、たとえ中学校並みに職員数が配置されたとしても、恐らくは円滑に機能しないであろうことが十分予測される。というのは、現在の日本の公共図書館に勤めている職員の専門分野には著しい偏りがあるからである。つまり、大学在学中に資格が取得できるのは人文系の学部にかぎられている、ということである。要するに、最初から理科系の人々には司書への道は開かれていないのである。すべての分野を網羅している図書館でありながら、根本となる養成段階で門前払いの状態なのである。これを中学校に置き換えれば、国語科と社会科の先生だけで授業を行うようなものである。

不得手な分野の資料的価値をどれくらい理解できるかといえば、甚だ疑問であるとしか言いようがない。また、偏った専門集団では、所詮同じ思考の領域から脱却することが望めず、柔軟な思考は期待できない。職員の理解し得る範囲の職員像は描けても、交流のない分野のことにはイメージがわかない。そして、現場においてはミクロ的な視野からの人員増加の要求はあっても、根源的な課題に目を向けるということが欠落しているのである。

これからの図書館には、総合博物館のような学際的な視野からの運営が欠かせないのである。そして、このような視点こそが現状の改革には必要なのであるが、人文系が圧倒的に多い図書館界には自浄能力すらもち合わせていない。それを理由として、まだまだ日本では図書館が本来もっている潜在能力が引き出せないのである。

かつて、中央大学教授の島田修一氏から「司書の専門性とは何か?」と聞かれたことがあった。著名な社会教育学者から改めて問われて、一瞬答えに窮したことを覚えている。取りあえずそのときは、利用者を知ること、資料を知ること、利用者と資料を結び付けることであると説明した。島田氏は、一般的な司書の専門性は当然熟知した上での私への問いかけであったが、図書館の業務に携わったことのない人々にその専門性を認知してもらうのはなかなか困難なのである。

また、世間一般に司書の専門性が認知されないと、より専門性を無視した人事が横行することになる。その証拠に、司書資格のない人々が多くの図書館で働くことになり（一二、一六ページ参照）、さらに司書資格者ゼロの図書館すら存在することになる。司書資格を認知してもらうのにもハードルが高い上に司書の専門分野を細分化した専門性の要求となると無謀にも思えるが、専門的な職務内容を具体的に明示できることから、単に司書という資格者を配置せよというよりは説得力があると思うし、そうすることによって、利用者にも職務の具体的な内容を知ってもらうことができるのではないかと思う。

住民の求める図書館

教育委員会、首長、議会などがもっている図書館イメージと、住民側でもっているイメージとの間に大きな差があるまま図書館をつくった場合、結果として無用の長物となる可能性がある。また、図書館研究者や図書館司書が描いているイメージと住民との間にもギャップがあることが過去の私の経験からも分かる。図書館のことを知り尽くしている専門家の方が案外固定観念に捉われている場合もあり、住民の方がより柔軟で現実的な学習を積んでいる例も見られる。

基本的には、図書館の良し悪しは住民が判断すべきことである。多くの図書館を訪問した私自身が責任をもって言えることは、成長を続けている図書館は例外なしに評価の高い図書館であるということだ。そのことは、何よりも住民に支持されている図書館の姿ということにある。これからの図書館建設においては、社会の変化を的確にとらえ利用者の要求要望を取り込んだプランが絶対必要となる。公共施設の是非が問われている現在、税金の無駄遣いと言われないためにもこのことを肝に銘じておく必要がある。

また、図書館は、誰を対象にして、どんな内容のサービスをすればいいのかという基本的なところに明確に答えられれば利用者から見放されることはない。つまり、すべての人を対象に、すべての内容にこたえようとすれば必ず支持されることは自明のことである。高齢者などの社会的弱者といわれる人々にとって使いにくい施設設備や、図書館資料の構成に偏りがあればやはり利用は広がらない。もちろん、それが簡単にはできないことも多くの人が分かっているだろう。しかし、それを追求していかなければならない。

それでは、住民が求める図書館とはいったいどんな図書館なのかということを探る必要性が出てくる。住民の要求は必ずしも一度にすべてが表面化するものではなく、またそれらを聞き出すことも困難である。しかしながら、住民とともに歩み、成長していこうとする姿勢やその意識をもつことが住民の要求にこたえる一歩となる。

愛知県の知多半島に位置する田原町（二〇〇三年八月二〇日より田原市）に、二〇〇二年八月、新しく図書館がオープンしたが、その図書館サポーターである「図書館フレンズ田原」の開館までにおける活動が、住民側の図書館に求めている内容を知る上において参考となるので次に紹介する（**表3**参照）。

表3　図書館フレンズ田原・活動の記録　　2000年（平成12年）

月	フレンズの活動	田原町、準備室、その他の動き
1	9（日）　フレンズ自主図書館見学会Ⅲ（静岡県磐田市） フレンズ月例会、第3週において定期的開催　昼の部（1：30pm～）、夜の部（7：30～）の2回 12(水）　グループリーダー会（以下GL会）開催（新年初顔合わせ・ボランティアについての話など） 19(水）　GL会「フレンズこの1年」冊子発行準備&21(金）　手渡し&郵便（計約300部）計画準備 26(水）　月例会・夜　基本設計案について説明 28(金）　月例会・昼　基本設計説明、次回意見交換会について	20(木）「学校図書館を考える会・豊橋」参加 （2000年の方向性を考える。10月より開始している「学校図書館実態調査」に協力中） 26(水）　文教厚生委員会にて基本設計案承認（計画公表はまだ）
2	2（水）&3（木）　GL会・「フレンズこの1年」冊子郵送作業 7（月）　GL会　月例会について話し合い。情報広場はどう行う？ 16(水）　月例会・夜、準備室と設計者より現状報告2.26情報広場開催計画について話し合い 18(金）　月例会・昼、意見交換会の役割分担と準備話し合い　ポスター、チラシ配布先検討、分担 22(火)&24(金）　GL「まちかど交流サロン」で最終役割分担 25(金）　第2回建設懇話会・参加、午後最終会場打ち合わせ 26(土）　情報広場「基本設計公開」・アシスト（午前中の事前会場準備、司会進行、生け花、飲み物準備、片付け）＝設計説明（模型使用）とグループ別討論会＝ 28(月）　GL会「情報広場」反省会と次回の予定への協議	6（日）「田原の図書館を記録する会（仮称・以下、記録する会）」の山口源次郎さん、小川徹さん来町 17(木）「学校図書館を考える会・豊橋」実態調査のまとめ・参加 25(金）　建設懇話会で基本設計案・模型公開 午後、会場下見、進行打ち合わせ 26(土）　情報広場・開催（崋山会館） 「基本設計公開」・120名参加 《第2回公開意見交換会・記録する会4名参加》
3	2（木）&3（金）「情報広場」の反省をしっかり把握・伝える重要性について話&「3.17講演会」ポスターつくり 7（火）　準備室へ反省点インタビューと②について打ち合わせ 8（水）　GL会「情報広場②・講演会」準備打ち合わせ 13(月）　月例会・昼　情報広場②について話し合い 15(水）　GL会　最終役割分担の確認 16(木）　準備室と設計者、利用者との意見交換会（役場会議室）開催準備 17(金）　情報広場②「菅原峻講演会」・アシスト&月例会・夜 18(土）　建設懇話会・現地視察会、参加（含自主参加3名）埼玉県／寄居町、鶴ヶ島市図書館	6（月）「学校図書館を考える会」調査中間報告発表検討会・参加 16(木）　準備室と設計者、タハラジャ、町吹、混声合唱団、フレンズら利用者と意見交換会開催 17(金）　情報広場②・開催(視聴覚室)「菅原峻講演会」・46名参加 〈講演会とテーマ別グループ討論会（記録する会、他横浜、豊橋からも参加あり）〉 18(土）　懇話会で視察会開催・埼玉県へ （メンバー2名、準備室／森下さん、和設計／程野、田戸、畠山さん、記録する会の石川さん）

	19(日)「かながわ県民サポートセンター」視察（自主参加）	3／30～10／31　実施設計契約 ＝（株）和設計事務所＝
4	7(金)　新準備室訪問・実施設計完成までの現状説明と次回情報広場テーマとした「フリースペース」について ＝見学の体験も交えて太田、森下さんに話を聞く＝ 11(火)　GL会、改修部分についての意見その後と次回テーマのフリースペースについて検討 18(火)　月例会・昼、情報広場②の反省と③について 19(水)　月例会・夜、改修部分要望とフリースペースについて	（4月から豊橋市は学校図書館へ2名の学校司書の配置を決定、鷹丘小、前芝中へ週2回） 1(土)　準備室、総合体育館会議室へ引越し 16(日)「三輪哲さん講演会」子ども読書年主催 23(日)　森下さん「豊橋の図書館を考える会・ははこぐさ」の総会で講演「図書館について」 24(月)「学校図書館を考える会・豊橋」参加
5	2(火)　フレンズ名簿つくり 9(火)　月例会・昼情③「フリースペースの役割」について 10(水)　月例会・夜「図書館と職員」「改修プランについて」 15(月)　情③会場下見・特にわかりにくい駐車場との連携部分 19(金)　くぬぎの会・総会にて「森下さんのお話会」 20(土)　情報広場③「フリースペース」・アシスト ゲスト・石田静子さんを囲んで 24(水)　GL会、情報広場③の反省	1(月)　情報広場③ポスター配布開始 8(月)　情③開場下見・案内補助ポスター設置 13(土)「学校図書館を考える会・豊橋」参加 19(金)　くぬぎの会・総会にて「森下さんの話」 20(土)　情報広場③「フリースペース」開催 ゲスト：石田静子さん―かながわ県民サポートセンター勤務“県民レベルでの市民活動サポート”（福祉センター・大会議室、50名） 24(月)「学校図書館を考える会・豊橋」参加 30(火)「ストーリーテリングとの出会い」（くぬぎ主催）＝下澤いずみさんを迎えて＝ （開催後、会員との交流会）
6	2(金)　議会傍聴、文教厚生委員会委員質問 10(土)＆11(日)　フレンズ自主図書館見学会Ⅳ 滋賀県の図書館・再訪の旅（高月、八日市、能登川） 13(火)　GL会、月例会と情報広場④の準備 「図書館の人々」ビデオ鑑賞と図書館の話 20(火)　昼・月例会、ビデオ鑑賞と説明、文化会館改修部分 21(水)　夜・月例会、ビデオ鑑賞と説明、意見箱設置について 23(金)　GL会、見計らいの本の選定・見学 26(月)　GL会、情報広場④打ち合わせ いままでのQ&Aを紹介する展示パネル作成提案 29(木)　情報広場④チラシ印刷手伝い	1(木)「（豊橋）学校図書館ボランティア交流会・佐藤英子さんミニ講演会」参加 14(水)　童浦小で読書週間参加 （フレンズ童浦・読み聞かせ、ブックトーク／森下さん・読み聞かせと図書館紹介） 16(金)「三ケ日町立図書館見学会」ははこぐさ主催・参加 18(日)「学校図書館を考える会豊橋」提言書作成作業・参加（提出は19日） 27(火)　ストーリーテリング＆子供の本読書会「おはなしバスケット」発会（第4火曜日午後）

7	3(月)　GL会、情報広場④の企画話し合い 5(水)　「Q&Aパネル」作成作業 (協力、童浦・山田グループ。童浦公民館) ＝文化会館にて「Q&Aパネル」展示会＝ 11(火)　昼・月例会、情報広場④準備役割分担 12(水)　夜・月例会、役割分担確認、パネル搬入準備 14(金)　「Q&Aパネル」福祉センターへ 15(土)　情報広場④「図書館」・アシスト 27(木)　GL会、情報広場④の反省と図書館見学会、開催計画について。文化会館改修工事中の代替使用施設の話。	6(木)　「菅原峻・講演会」参加、主催／ははこぐさ 9(土)　「図書館問題研究会全国大会・熱海」で森下さん事例発表「未設置自治体の解消」 13(木)〜「漆原宏・写真展」、福祉センターで 15(土)　情報広場④「図書館・開催、「漆原宏・写真展」同時開催、新模型紹介 発表者：程野、田戸、森下さん 記録する会・参加 (福祉センター・大会議室・60名参加) 25(火)　おはなしバスケット・読書
8	9(水)　ミニ自主図書館見学・音羽町立図書館 21(月)　昼&夜・月例会、実施設計に関する現状説明 今後工事開始までの工程、予定などの紹介 情報広場⑤「図書館見学会」募集について	22(火)　おはなしバスケット・ストーリーテリング 26(土)　田原児童館子どもフェスタに森下さん参加(本の読み聞かせ)
9	11(月)　GL会、情報広場⑤バス旅行打ち合わせ、読書週間・学校での読み聞かせ・朝読書の現状など 19(火)　昼・月例会、情⑤・図書館見学会・参加者事前説明会 「図書館の人々」ビデオ鑑賞、八日市について説明 20(水)　夜・月例会、情⑤バスの中のプランなど話し合い 21(木)　ミニ自主図書館見学・静岡県雄踏町立図書館 22(金)　情報広場⑤「図書館見学会・八日市」・アシスト＆参加	6(水)　「山口日登美さんのブックトーク講習会」参加、主催・学校図書館を考える会 13(水)　「あかねるつ講演会」子ども読書年・主催 22(金)　情報広場⑤「図書館見学会・滋賀県八日市市立図書館」・開催〈参加27名〉 (役場中型バス・準備室参加／森下、小林) 25(月)　学校図書館を考える会・学習会参加 26(火)　おはなしバスケット・読書
10	2(月)　GL会・情④「アンケートインタビューのまとめ」発送作業 16(月)　昼・月例会、情⑤反省、設計完了と入札、工事開始見通し説明、工事中臨時駐車場設定説明など 16(月)　夜・臨時GL会、和設計さん・実施設計について 18(水)　夜・月例会、設計完了・工事計画説明、田原JC会員参加（町づくりの観点から見る建設計画） 27(金)　臨時GL会、和さんと臨時ミーティング 26日のヒアリングについて、情報広場⑥「現場見学会」プランの実施計画について ＊この頃より図書室での作業ボランティア参加＊	8(日)　「あべ弘士さん講演会」まんまの会、まどか文庫・主催（豊橋総合動植物園）参加 20(金)　炉ばたのお話会・参加　まどか文庫主催 24(火)　おはなしバスケット・ストーリーテリング 26(木)　和設計さん追加ヒアリング 29(日)　「おはなしフレンzoo」初開催（かば） ＝豊橋動物園・武田獣医さんと動物たち＝ 30(月)　子育てサークル交流会参加（福祉センター）各地区のサークルの情報交換会

11	13(月)　GL会、元愛知県移動図書館車（BM）委譲について 図書室での作業ボランティア 20(月)　月例会・昼の部、田原中学校職場見学予定者参加 BM、学校図書館との連携についてQ&A、 22(水)　月例会・夜の部、情⑥計画について、 27(月)　山口源次郎、小川徹先生ら（記録する会）来町・ミーティング	11(土)「田島征三、征彦講演会」 豊橋中央図書館・主催、参加 11／14～H14．3／15　図書館建設工事契約 ＝戸田・八木建設特別共同企業体＝ 21(火)　図書館及び生涯学習施設建設工事起工式・建設工事開始 28(火)　おはなしバスケット・読書 29(水)「山本真基子さんと茨木啓子さんおはなしを楽しむ会」（おはなしろうそくの会主催） 30(木)「学校図書館を考える会・豊橋」パネルシアター勉強会・参加
12	4(月)　GL会、情⑥「現場見学会」実施時期の見直しについて 6(水)　臨時GL会、来年の計画、目標話し合い 8(金)　議会傍聴 18(月)　月例会・昼の部、滋賀県愛知川町立図書館訪問報告（森下さん）、次回情報広場の見通し、来年の計画について 20(水)　月例会・夜の部、来年の活動計画考察・田戸さん参加	9(土)&10(日)　豊橋市立中央図書館「図書館まつり」／開催・参加 16(土)「来る間座」／「山田もとさん・お話会」参加 17(日)「豊橋おはなしろうそくの会を囲んで・ストーリーテリングの会」くぬぎの会／主催・参加 （12月のおはなしバスケット・例会として）

田原市立図書館

田原町の図書館建設は、住民との協同作業としての成果であり、高く評価できる例と言える。また、「図書館フレンズ田原町」の素晴らしい点は、ここに紹介したように、優れた学習活動の蓄積と、前向きで粘り強い運動への取り組みであったと言える。図書館の先進地の視察はもちろん、図書館研究者を町に招いての学習活動を頻繁に積み重ねているのである。何よりも注目すべきことは、学習したことを会だけにとどめず、他のグループとの連携や行政をも巻き込んでいくというしたたかさである。その結果、先進的な運営で有名な東京都日野市立図書館から図書館長を招聘することにもなった。

私が今勤める愛知川町立図書館が開館してまもなくのころ、この「図書館フレンズ田原」のメンバーの方々の視察を受けた。とくに印象が深かったのは、活動家タイプというより明るい元気な人々であった点である。このような会の印象はより多くの人々に安心感を与え、運動を広げていく上において重要な要素となっていく。そしてそれが、建設される図書館に大きく投影されることは言うまでもないし、それだけ住民が求める図書館に近づくことになる。

第2章

図書館格差

バークシャー州（イギリス）の図書館

住民と行政でつくる図書館

「この一年間に何度図書館に行きましたか?」と問われても、自分が住む町の図書館の存在すら知らない人がいるかもしれない。住んでいる場所と図書館との距離があまりにも離れているために行きたくても行けないという人もおれば、都市生活者のように比較的近くに図書館がある場合は一度くらいは行っているのではないだろうか。しかし、郡部に住む人の半数以上の人が図書館そのものがない生活を送っている。第1章でも述べたように、日本での図書館設置率を見ると、都市では九八パーセントとなっているが、町村ではわずか三九パーセントにすぎない(二〇〇一年現在)。さらに、都市生活者であっても均一の図書館サービス(距離以外の)を享受しているわけではなく、自治体間の格差は驚くばかりである。

憲法第二六条で、「すべて国民は、法律の定めるところによりその能力に応じてひとしく教育を受ける権利を有する」とある。また、教育基本法第二条では、「教育の目的はあらゆる機会に、あらゆる場所において実現されなければならない」、さらに同法第七条二項では、「国及び地方公共団体は、図書館、博物館、公民館等の施設の設置、学校の施設の利用その他適当な方法によって教育の目的の実現に努めなければならない」と定められているのに、自治体の取り組みに大きな隔たりがあるのはなぜだろうか。その原因として、次の四つが挙げられる。

❶図書館が任意設置となっていることからくる自治体の受け止め方の相違。
❷国全体の図書館システムのイメージを、その政策立案担当者が誰一人として描き切れなかったか、政策として積極的に取り組まなかった。
❸日本社会が、個人生活より集団生活に力点を置いてきた。
❹教育といえば学校教育が中心で、社会教育、生涯学習は傍流という姿勢がわが国の中でこれまで支配的であったため、社会教育の中心施設ともいえる図書館が必要不可欠な施設として認知されてこなかった。

任意設置ならば、解釈の仕方次第では図書館を設置しなくてもよいと取られ、自治体の取り組む事業の優先順位としては下位にランクされてしまう。また、図書館のない自治体であれば当然図書館を利用したことのない人々が大多数を占め、それがゆえに図書館の要望はわき起こってこないだろうし、そのほかに自治体で抱える課題が山積みされておれば当然図書館は不要不急のものとしてしか扱われなく、後回しにされる傾向が強い。

しかし、小さな町に図書館はなくても豪華な文化ホール、夜間照明やスタンド付きの野球場は結構多くの自治体に設置されている。ある自治体関係者は、図書館がない理由として「うちの町には金がないので図書館設置は無理」と言った。これは、正確には「図書館に回す金などない」と言った方がよいと思われる。

図書館における任意設置は、国と地方自治体との関係や地方自治の本旨から言えば、当然、自治体にその裁量権があるので理解できなくもないが、図書館の大小の差はあっても、まず設置に向けた取り組みを優先するべきである。図書館条例、建物、そして本すら存在しない状態は異常なことという認識が必要である。たとえお金がなくとも、未来に託す行動は何時の時点でも行えたはずである。たとえば、図書館条例の設置にはお金がかからないし、建物を造る予算がなければ、移動図書館を走らせることから始めてもいいのではないだろうか。結果として、それが図書館サービスの第一歩として評価されるのである。もし、新しい移動図書館車を買うお金がなかったというのであれば、他の自治体から中古の移動図書館車の払い下げを受けるとか、ほかの図書館から寄贈してもらうということもできるはずである。

金がなければ智恵を出し、アイデアを絞ればいくらでも方法は見つかる。その智恵もないというのであれば、もはや憲法二五条の「すべて国民は健康で文化的な最低限度の生活を営む権利を有する」という条文は、図書館未設置自治体においては削除されているのではないかと勘ぐりたくもなる。先にも述べた一九四七年三月に公布された教育基本法七条の図書館設置の条項は施行されてからすでに半世紀が経過しており、それにもかかわらずいまだに図書館のない自治体が存在するということは、法律軽視、教育軽視の自治体といわれても仕方がないのではなかろうか。

とはいえ、図書館の未設置の責任を行政の末端である地方自治体だけに一〇〇パーセント転嫁することは少々乱暴である。というのも、国民全体に図書館システムの確立へ向けての努力が欠落していたことも十分考えられるからだ。郵便、小・中学校、電気、水道、電話、テレビ受信などはどんな辺ぴな場所でもほぼ全国均一のサービスが提供されているのに、図書館サービスの格差だけは大きいのである。もちろん、行政側と国民との間で図書館の重要性、必要性についての論議がされてこられず、双方ともその建設に対する計画へのかかわりが不十分であったことも理由の一つである。その上、福祉の分野でデイサービスを国家レベルで普及させたときの計画と比較しても、きめが粗いと言わざるを得ないのではないだろうか。

デイサービスは、一九九三年に、当時の厚生省が県知事宛に目標値を示しておおむね中学校区に配置するという、国家レベルでのシステム構築を目的として計画されたものである(1)。この考え方や取り組み方は、図書館においても大いに参考となる地域サービス網の展開である。それだけに、福祉のジャンルでもそうであったように、住民側と地方自治体側のコラボレーションが望まれる。すべてを行政側に任すだけでは何の進展も見られない。

これまでの図書館界は、それぞれの周辺を取り巻く問題にのみ目が向けられがちであったと思われる。これからは、マクロ的視野からミクロの問題を解決する視点が必要になってくると思われる。図書館法が制定されたのを図書館のスタートとすれば、およそ半世紀も後発のデイサービ

---

(1)　一九九三年（平成四年）六月三〇日、大臣官房老人保健福祉部長通知として各都道府県宛てに、デイサービスや老人介助センターを中学校区に整備していくことが記されている。

ス網が社会に浸透していることと比較しても図書館界の力不足は否めない。つまり、現実的な課題にばかり対応している図書館関係者に欠けているのは、一〇〇年後を見通したビジョンづくりの視点なのである。やや大袈裟かもしれないが、デイサービスにかかわる行政・福祉関係者と図書館にかかわる行政・教育関係者との政策担当能力の差かもしれない。この点からも、図書館を取り巻く環境に優れた人材が配置されることが望まれる。そして、それをフォローアップする住民パワーの存在も。

日本社会の体質も、図書館の発展に必ずしも応援してくれなかったと考えられる。戦後、図書館が都市を中心に発展をして、公民館が郡部、とくに農村を中心に発展してきた経過を見ると、個人に力点を置く都市と集団生活に力点を置く農村の違いが如実に現れている。農村では、個人で自由な時間を過ごすことより地域行事が優先されることが多く、したがって本を読むという個人的な営みはあまり評価されてこなかった。科学や理論より経験や伝統が重視される社会では外からの情報は必要とされず、それがゆえに図書館の価値も見いだせなかったのである。しかしながら、情報網の発達やライフスタイルの変化が農村にも押し寄せ、個人生活が重視され、最近では農村部の自治体においても図書館設置がすすめられている。一方、公民館の設置率は九〇パーセントという高い率ではあるが横這い状態となっている。

学校の整備と社会教育施設の整備に大きな隔たりがあることは、誰もが認めるところである。しかしながら、「学校」と「図書館」というように具体的に比較することはこれまであまりされてこなかった。二〇〇二年現在、私が所属する愛知川町立図書館の職員は八人であるが、隣接する町内唯一の中学校である「愛知中学校」は二六人の教職員で運営されている。さらに、県庁所在地の大津市にある滋賀県立図書館の職員は三九人で、すぐ傍にある「滋賀県立東大津高校」は九〇人の教職員で運営されている。ともに同じ行政施設でありながら、こうも違うのである。ちなみに、滋賀県の県立図書館は一館しかないが、県立の高校は県下に五〇校も設置されている。またそれに、中学や高校がわずか三年の就学期間であるのに対して、図書館はその中学生、高校生も含めた生涯にわたる教育機関であることを考えても、日本の図書館の位置づけが極端に低いのが分かっていただけるのではないだろうか。

もちろん、そこで提供しているサービス（仕事）の内容が違うと言われるかもしれないが、図書館のもつ無限の広がりを考えると、中学校とその自治体の図書館、高校と県立図書館が同列に扱われたとしても決してアンバランスではないと考える。むしろ、これまで教育といえばすぐに学校ばかりがイメージされ、また中心となっていて、社会教育、生涯学習に力を入れてこなかったことの方に問題があると思う。

自治体間の格差

では次に、自治体間においてどのような図書館格差があるのかを見ていこう。開館以来、筆者が何度となく訪れている図書館の一つに千葉県浦安市立図書館がある。同規模の人口（約一三万人）を保有する自治体と比べてみると、図書館の建物床面積、蔵書数、司書の配置数、年間の図書貸出し冊数など、どれを取っても比較にならない。浦安市は約一七平方キロメートルほどの面積の中に七つの中学校があるが、その中学校区ごとに分館を含めた図書館システムが機能しているのである。五二〜五三ページの**表4**を参照していただきたいが、そこからもうかがえるように、浦安市と人口の同

浦安市立図書館の正面玄関

規模の自治体と比較すると、浦安市の図書館の充実度は目を見張るものがある。

とはいえ、浦安市も最初から図書館が充実していたわけではない。一九七九年の市制施行に合わせて図書館設置を計画した市当局の方針に呼応して、「赤ちゃんから老人までが自由に気軽に利用できる図書館システムの確立」を掲げた住民運動がわき起こり図書館計画が進行した。そして、外部から図書館長予定者を招聘し、一九八二年三月一日に浦安市立図書館はオープンした。また当時、図書購入費に一億円を投入して大きな話題も呼んだ(2)。

開館以来順調な歩みを続け、現在では日本を代表する公共図書館として注目されるに至っている。浦安市に刺激されて、人口一万人足らずの小さな自治体の中にも開館時の図書購入費に一億円を充てる所も現在では現れてきている。しかしその一方で、非常に残念なことだが、人口が一〇〇万人を超える都市でありながら年間の図書購入費がわずか六〇〇〇万円しかない自治体も存在する。この実態を、多くの国民は知らないのではないだろうか。格差の是正と図書館の発展のためにも、まずそれぞれが住んでいる地元の図書館の実態把握が必要と考える。より充実した図書館にするためにも、住民の側の声が行政に届かなければならない。

(2) 二〇〇三年五月、浦安市立図書館の館長である常世田良氏が『浦安図書館にできること』(勁草書房)という本を著された。その中で現在の活動について詳しく述べられているので、是非、参照していただきたい。

受入冊数	雑誌購入種数	個人貸出		予約件数	2002年度予算額			
		登録者数	貸出数（千点）		一般会計総額（億円）	図書館費総額（千円）	資料費（千円）	うち図書費（千円）
9,571	35	8,814	313	8,857	359.4	33,698	15,046	14,000
33,552	514	44,956	742	29,599	307.5	97,469	38,848	28,000
24,233	352	65,188	833	31,440	329.8	85,220	27,974	22,784
33,914	551	33,051	1,175	76,077	449.0	121,268	49,131	41,489
13,525	108	40,437	503	13,778	415.2	59,699	25,501	19,227
20,756	298	25,662	722	30,181	418.2	141,234	33,291	28,000
14,486	75	46,460	459	14,824	408.0	91,369	23,632	21,500
34,276	113	37,158	301	9,251	359.5	152,560	70,453	58,470
34,241	268	74,279	817	22,242	308.7	121,026	24,802	19,926
13,453	96	26,792	354	14,326	295.9	42,569	16,912	14,684
9,791	76	43,058	204	5,479	374.1	47,909	18,700	16,000
13,714	142	38,838	309	5,399	382.5	80,146	18,000	14,361
4,558	20	4,236	84		410.0	16,170	6,300	6,000
12,131	300	69,476	689	27,904	352.5	82,120	23,622	19,190
13,732	213	46,719	401	7,365	397.6	67,120	21,675	16,500
8,029	124	31,849	312	8,123	387.2	28,313	13,927	12,344
42,103	369	40,899	681	34,656	299.1	111,744	45,985	36,606
40,268	888	95,562	1,388	88,683	542.0	420,405	100,806	74,660
54,328	756	44,096	1,685	71,309	497.0	324,818	110,636	90,000

表4 人口12万人規模の図書館サービス

図書館名	延床面積（㎡）	奉仕人口（千人）	職員			蔵書冊数（千冊）	
			専任計（兼任計）	うち司書司書補（兼任）	非常勤臨時	蔵書冊数	うち児童書
石巻市立	1,463	120	13	5	4.6	166	62
野田市立（計 3館）	4,513	120	19	12	13.1	381	66
羽曳野市立（計 5館）	4,486	120	12(6)	5(1)	33.2	376	135
箕面市立（計 5館）	7,871	121	28	19	20.9	556	194
伊勢崎市立	2,658	122	16	4	2.5	227	63
江別市立（計 3館）	3,076	122	8	1	24.1	319	70
上田市立	1,974	122	8	4	8.5	338	54
河内長野市立	3,910	122	17	12	8.0	231	62
富士宮市（計 2館）	4,424	122	16	12	17.0	508	129
木更津市立	1,855	123	15	5	0.3	248	41
松阪市立	2,772	123	6	5	2.0	152	27
沖縄市立	1,895	124	10	5	9.1	148	50
別府市立	1,332	125	3			135	22
富田林市（計 2館）	1,676	125	18	11	7.1	270	102
延岡市立	3,168	127	18	8		220	45
大東市立	891	127	8	7	2.6	121	32
我孫子市立（計 3館）	3,524	129	22	13	14.1	300	82
武蔵野市立（計 3館）	10,183	131	35	20	35.4	523	104
浦安市立（計 7館）	6,617	132	44	43	36.3	939	188

出典：『日本の図書館―統計と名簿2002』日本図書館協会、2003年。

さて、もう一度問います。あなたが住んでいる町の図書館はどんな図書館ですか？　次に掲げる基準を満たしていますか？

・図書館の面積が八〇〇平方メートル以上ありますか？
・五万冊以上の本があり、読みたい本を直接本棚から取り出せますか？
・一万冊以上の、子どものための本が用意されていますか？
・大学一年生がレポートを作成するのに頼りになり役に立ちそうですか？
・一度に一〇冊ぐらいの本を借りることができますか？
・図書館のカウンターには司書が常時いますか？
・雑誌が一〇〇種類以上揃っていますか？
・新聞は五紙以上揃っていますか？

愛知川町立図書館の成人開架庫

・リクエストという制度がありますか？
・貸出し記録は返却後に消去されていますか？
・コピーができますか？

以上の項目を五つ以上満たしていないのであれば、図書館の改善に今すぐ取り組んでもらう必要がある。住んでいる町をより豊かな環境にするためにもチェックをして、直接図書館に、もしくは自治体に対して要望していく姿勢が必要となる。

図書購入費と蔵書数に触れたついでに掲載するが、図書館の先進県といわれている滋賀県の東側に位置する愛知《えち》郡内の図書館の蔵書数などは**表5**の通りである。郡内のすべての自治体に五万冊以上の蔵書を保有する図書館があり、郡内の総人口がたかだか三万四〇〇〇人ほどという所に合計三三万冊近い蔵書を保有しているのである。地方都市でも、ひょっとしたらここまで充実している自治体は少ないかもしれない。日ごろ使っている図書館しか知らない人は比較するだけの情報をもっていないために、「全国、どこも図書館は同じ」という錯覚に陥ってしまうかもしれないが、実際はさまざまであるということを知

表5　愛知郡内の蔵書冊数　(2002年度)

	人口	蔵書冊数	雑誌数
愛東町	5,882人	56,000冊	75種
湖東町	9,070人	103,000冊	173種
秦荘町	8,026人	83,000冊	175種
愛知川町	10,966人	88,000冊	312種

ってておいていただきたい。進学、転勤、出張、旅行などのときに、その先々の図書館を訪れるのもいいのではないだろうか。

誰のための図書館か

私は、これまで自治体職員として図書館運営や図書館建設にかかわってきたが、大学院進学のために一九八八年から一九九〇年の二年間は自治体職員の身分から離れることになった。その間、一住民として図書館を利用し、その立場から図書館を見るという機会を得られた。しかも幸いなことに、図書館の設置および設備が進んでおり、その活動が活発な東京の三多摩地区に住むという幸運に恵まれ、時間があれば自転車で図書館を訪問するという生活を始めることができた。自転車で回った一例を挙げると、自由な雰囲気の小金井市立図書館、公民館との連携の深い国分寺市立図書館、分館網が整備されている小平市立図書館、各資料が充実した日野市立図書館、そして三多摩地区の図書館を支援する東京都立多摩図書館などである。

これら先進地域の図書館でもやはり格差は著しく、とくに蔵書数、資料の種類、設備などに大きな違いが見られた。貸出しを含めた図書館の完全な利用は居住する住民にしか許されていないようなサービスの悪い図書館しか知らない自治体に住む人々は、転居しないかぎり生涯にわたって図書館ライフを楽しむことはできない。利用率の高い図書館には、人を惹きつける何かがある。その何かの中には先に挙げたような蔵書数や雑誌アイテム数の豊富さなどもあるが、決してそれだけにはとどまらない。ここでは、利用者の立場になって図書館をのぞいてみることにしよう。

自治体職員を退職して一利用者になると、図書館職員の立場では見えなかったところが見えるようになった。まず、個々の図書館によってそのサービスが大きく異なっていることに気付かされた。当然といえば当然のことなのだが、図書館職員時代には見えなかった点が長期間滞在することで、そして何度となく利用することによって見えてくるようになってきた。

細かいことになるが、たとえば自治体の

小平市立中央図書館の正面玄関

方針や図書館の方針で制服を着用しているのか否かでも利用者が受けるイメージは大きく異なってくる。図書館は、住民が日常生活の延長としてリラックスして利用する空間であり、きわめて日常的なものであることから考えても、制服を着た職員が事務的に応対するような所はつい利用者の方が構えてしまい、職員との間に距離ができるばかりか図書館そのものが非日常的な空間となる。そうなると、よほど必要に迫られたときぐらいしか利用しなくなり、普段着でちょっとふらっと行ってみるかという雰囲気にはならない。誰もが気兼ねなく利用できなければ図書館としての存在意義がなくなってしまうし、誰のための図書館かという基本すら忘れられてしまうことになる。

一方で、エプロン姿で働く図書館員がいる。職員が空気のような存在となって住民の日常生活に溶け込み、非常に和やかな雰囲気を館内に醸し出している。ささいなことかもしれないが、利用者へのサービスを考えるときこれほど重要なことはない。これまで、たまに図書館に行って本を借りるときに職員から一言、二言注意されるなどして緊張しながら本を借りていた。そして、住民が納めた税金で買った本にもかかわらず、それを借りるのになぜ緊張しなければならないのかと不思議に思っていた人たちが、職員の服装が少し変わっただけでリラックスする。私見だが、職員が制服（事務服）を着て仕事をしている図書館は、住民へのサービスを考えているのではなく、むしろ本を図書館備品として捉えてその保存に力点を置いているような傾向が強いように思う。

また、利用しやすい図書館というのは建物の構造も違っている。地価の高い都会では敷地の広いものは望めないとしても、二階建て以上の建物には必ずエレベーターを設置し、階段の踊り場などになにがしかのコーナーを設ける場合でも、足の不自由な人々のことを考えてスロープを付けるなどしてほしい。地価の問題さえなければ、つまり広い敷地が確保できるならば、図書館は平屋で、入り口付近から館全体が見渡せるような構造が望ましい。

利用率の高い図書館の入り口付近は決まって明るく、人を惹きつける魅力もあり、館内に吸い込まれていくような工夫がなされている。そして、そのような所はまったく威圧感がなく、利用者がごく自然に館内を巡っている光景を見ることができる。しかし反対に、権威的な雰囲気をもつ構造の図書館では、入館することすら躊躇させられ、職員も図書館が利用されることを第一義と考えていないようにも見受けられる。職員が「どうぞお入りください」と心から利用されることを喜びとして対応するのと、内心「仕事が増えるから、できればあまり多くの利用者に来てほしくない」と思うのでは、当然、利用率に明らかな差が出てくると思うがいかがだろうか。

図書館の場合、同じ公務員の仕事であっても役所のサービスとは少し事情が違い、サービスの有り様がそのまま利用者の増減に結び付いてくると言っても過言ではない。図書館のサービスはホテルのサービスに通じるところがある。仮に客室の設備や料理に多少の不備があったとしても、従業員の親切で心のこもったサービスによって各ホテルが常連客の獲得を果していることを考えれば自ずとやるべきことは見えてくるのではないだろうか。世界屈指のエンターテインメント施設であるディズニーランドにおいても来訪者の多くがリピーターであり、誰もがもう一度行きたくなるような魅力づくりにスタッフ全員が努力しているのである。

図書館の三要素は「人」、「本」、「建物」と一般的に言われているが、その中でも「人」の果たす役割がきわめて大きい。しかしながら、多くの図書館ではこの「人」に重きを置いていないのである。それを証明することの一つとして、第1章で述べたように、司書の配置が驚くほど少ないということが挙げられる。図書館の本質を理解した上での利用者への対応が一方で求められているにもかかわらず、ただ単に人さえ配置していればいいという考え方がまだまだ行政側にはある。もっと言えば、職員に対して利用者サービスについての教育をまったく行っていないということだし、また考えてもいないということだ。私自身、現在はもちろん行政側の人間であるためにあまり突っ込んだコメントはできないが、このような状態では利用者が不利益を被るということを再確認するべきだろう。

学校では教員免許をもたない人が教壇に立つことはあり得ないが、日本の図書館の現状では、残念ながらカウンターサービスやレファレンスサービス業務を司書資格のない職員が行っている場合が多い。参考までに述べると司書の配置率は**表6**の通りであるが、都道府県によってその格差が大きいことが明らかである。

では、司書を配置するということはそんなに困難なことなのだろうか。たとえば教員免許は、大学の教職課程を履修し、教育実習などを経て免許状が都道府県教育委員会から与えられている。

表6 都道府県別の司書配置率

県名	総数	有資格者率（%）	職員1人当人口（千人）	県名	総数	有資格者率（%）	職員1人当人口（千人）
北海道	560	43.6	10	滋賀	207	81.6	6
青森	139	33.1	11	京都	318	67.9	8
岩手	150	40.0	10	大阪	1,122	73.3	8
宮城	225	40.4	10	兵庫	435	59.8	13
秋田	113	39.8	11	奈良	156	63.5	9
山形	114	30.7	11	和歌山	84	61.9	13
福島	181	49.7	12	鳥取	61	65.6	10
茨城	332	49.1	9	島根	64	67.2	12
栃木	258	43.8	8	岡山	185	67.6	11
群馬	215	36.3	9	広島	202	52.0	14
埼玉	1,023	52.4	7	山口	159	49.7	10
千葉	779	54.2	8	徳島	115	50.4	7
東京	3,291	32.5	4	香川	104	38.5	10
神奈川	851	53.0	10	愛媛	92	56.5	16
新潟	212	55.7	12	高知	83	48.2	10
富山	158	59.5	7	福岡	377	53.1	13
石川	164	53.0	7	佐賀	86	44.2	10
福井	149	59.7	6	長崎	93	50.5	16
山梨	114	61.4	8	熊本	150	40.0	13
長野	184	46.7	12	大分	97	40.2	13
岐阜	191	48.2	11	宮崎	91	31.9	13
静岡	400	44.5	9	鹿児島	145	32.4	12
愛知	668	55.2	10	沖縄	149	45.6	9
三重	135	51.9	14	合計・平均	15,181	48.9	8

注1：人口、自治体数は2001年3月31日現在。図書館数、設置自治体数、専任職員数は2002年4月1日現在。蔵書冊数は同年3月31日現在。
出典：『日本の図書館 統計と名簿 2002』日本図書館協会、2003年1月。

表7　平成15年度司書および司書補講習実施大学一覧

1．平成15年4月18日付の官報に告示されたものを掲載します。
2．受講の申し込みは，各大学にて行います。詳細は直接各大学にお問い合わせください。

実施大学	講習の別	講習の期間	昼夜の別	受講者の人数	申込期間	受講者の選定方法	講習実施の場所
富士大学	司書	7月1日～9月12日	昼間	70名	5月6日～6月24日	作文及び書類審査	岩手県花巻市下根子450-3 富士大学校舎 電話0198(23)6221
	司書補	7月1日～8月20日	昼間	40名			
筑波大学	司書	7月3日～8月29日	昼間	35名	5月6日～5月19日	書類審査	茨城県つくば市春日1-2 春日キャンパス 電話029(859)1060 ／029(859)1061
聖学院大学	司書	7月9日～9月25日	昼間	120名	5月8日～6月10日	作文及び書類審査	埼玉県上尾市戸崎1-1　聖学院大学本館図書館棟 電話048(781)0925
聖徳大学	司書	7月22日～9月19日	昼間	100名	4月7日～5月30日	作文及び書類審査	千葉県松戸市岩瀬字向山550 聖徳大学校舎 電話047(365)1111
	司書補	7月28日～9月5日	昼間	50名			
亜細亜大学	司書	7月25日～9月22日	昼間	160名	4月7日～5月30日	作文及び書類審査	東京都武蔵野市境5-24-10 亜細亜大学校舎 電話0422(36)3236
鶴見大学	司書	7月22日～9月24日	昼間	120名	4月7日～6月13日	作文及び書類審査	神奈川県横浜市鶴見区鶴見2-1-3 鶴見大学校舎 電話045(581)1001
	司書補	7月28日～9月24日日	昼間	50名			
中部学院大学短期大学部	司書	7月18日～9月19日	昼間	60名	4月1日～6月30日	作文及び書類審査	岐阜県関市倉知4909-3　中部学院大学短期大学部校舎 電話0575(24)9460
愛知学院大学	司書	7月16日～9月19日	昼間	200名	4月7日～5月16日	作文及び書類審査	愛知県日進市岩崎町阿良池12 愛知学院大学校舎 電話05617(3)1111
	司書補	7月17日～8月29日	昼間	50名			
滋賀文教短期大学	司書	7月10日～9月6日	昼間	50名	5月1日～5月24日	作文及び書類審査	滋賀県長浜市田村町335　滋賀文教短期大学校舎 電話0749(63)5815
桃山学院大学	司書	6月9日～8月22日	昼間	200名	5月1日～5月16日	書類審査	大阪府大阪市阿倍野区昭和町3-1-64桃山学院大学昭和町学舎 電話06(6621)1181
広島文教女子大学	司書	7月16日～9月19日	昼間	70名	5月12日～5月23日	作文及び書類審査	広島県広島市安佐北区可部東1-2-1　広島文教女子大学校舎 電話082(814)3191
別府大学	司書	7月14日～9月13日	昼間	160名	4月1日～6月10日	書類審査	大分県別府市大字北石垣82別府大学校舎 電話0977(66)9635 ／0977(66)9633
	司書補	7月14日～8月26日	昼間	50名			
鹿児島国際大学	司書	7月1日～9月5日	昼間	50名	4月1日～5月30日	書類審査	鹿児島県鹿児島市下福元町8850 鹿児島国際大学校舎 電話099(261)3211

司書資格の方はというと、大学が開講する二～三ヶ月間の司書講習（**表7を参照**）を受けるだけでも資格取得が可能なのである（そのほか、通信教育でも可能）。

やや乱暴な話かもしれないが、もし無資格の職員を四月の異動で配置したとしても、一〇月までには司書資格をもつことができるのである。実際の例として、自治体によっては夏期に行われる司書講習へその職員を派遣するケースも少なくない。ちなみに、教員や博物館の学芸員は資格取得のための短期講習の制度がない。それから考えても、司書の養成というのは決して困難なことではないのである。問題なのは、司書のもっている専門性そのものを、自治体当局者が必要と感じていないことである。

インテリ層の人ほど司書の力を借りずに図書館を自由に使いこなしており、レファレンス（調査相談サービス）の必要を感じていないかもしれない。また、黙って早く貸してくれさえすれば十分と思っているのかもしれない。こうなると、図書館をよく利用している人も目に見える専門的サービスを期待していないことになる。同じ専門職でも医師の場合には、患者の方もかぎりなく理解できるような技術や知識などの専門性を要求する。同列に考えてはいけないかもしれないが、残念ながら、司書の場合の専門性はあまり目立たない内容が多いように思われる。しかし、先に挙げたインテリ層が自由に図書館を使いこなせるように分類され選び抜かれた資料群の形成や検索システムの構築は、すべて専門的職務である司書によるものなのである。しかし、それが専門職によるものと認知されていないとなると、逆説的に言えば、司書が簡単に養成されているのかもしれない。

一九七〇年代に獣医学部が四年制から六年制へ移行したが、これは専門性の向上に配慮しての措置であり、また各都道府県に看護大学が設置されるなどの傾向も最近は顕著である。獣医学部や看護大学は、複雑で高度化する医療現場からの声によって人材育成の必要に迫られたものであろう。司書の養成についても、本来ならこのような社会の流れと同様に高い基準が設けられてしかるべきである。そのためには、養成制度の抜本的な改革が望まれる。これは財政的にもハードルが高いように思えるが、一九三九年に社会教育機関として位置づけられていた青年学校[3]が義務化されて国家レベルで整備がされ、その教員養成機関として各都道府県に青年師範学校が設置され、そこで養成された教師が戦後の中学校の教員を務めた事実を考えれば、社会教育施設の図書館の司書養成機関改革も決して夢物語ではないと思える。

では、その養成機関はどのようなレベルのものが相応しいのであろうか。あらゆる分野の資料を扱う図書館の性格からして、さまざまな専門分野へと橋渡しができることが前提となろう。現行の司書養成では、司書自身の専門領域性しか問われていないのが現状であるが、どう考えてもこれには無理がある。専門の科目の上に教育関係の単位を取得している中学、高校の教師のように、司書も自分の専門分野をもちつつ図書館学の単位を取得するシステムの確立が必要と思われる。第1章でも述べたように、図書館に近い施設である博物館では、採用の条件として大学院修了を付している所も珍しくない。専門的知識を必要とする職務であり、現在の複雑で高度化する社会に見合った専門性への追求は、何も医療機関だけのものではないと考える。

私は、一利用者としてだけでなく仕事上においても図書館に訪れる機会がかなり多い。また、高校に入学以来、家庭の事情や仕事の都合でさまざまな土地での生活経験に恵まれたため、想像以上の数の図書館を訪れている。ここで、読者の皆さんに図書館の利用の仕方を述べる代わりに、私の個人的な図書館利用の目的を表にしてお伝えしたい。先にも記した大学院生時代の利用も含めて、実際に利用した公共図書館は**表8**の通りである。

もちろん、これに仕事のために利用した所も加えるととても紙面には書き尽くせない。それに、ここに挙げたような資料収集に費やす時間やその経費を考えると、図書館がなかったらその何倍もの費用がかかっていたことが推測できる。

私が大学生であった一九七〇年代は、図書館がちょうど市民の図書館へと転換しつつある時期であった。今、私自身の図書館利用の仕方を振り返ると、やはりそうした時代の影響を受けていたことが分かる。高校時代は勉強の場としてのみ図書館を利用していたが、その利用形態が徐々

（3）　一九三五年に公布された青年学校令により、実業補習学校と青年訓練所が青年学校となる。一九三九年には男子のみが義務制となる。第二次世界大戦後の一九四七年に公布された学校教育法により新制中学や新制高等学校となり、青年学校は廃止された。青年学校は社会教育の範疇として扱われていた。

表8　私が利用した主な図書館

館　名	住　所	目　的
竹田市立図書館	大分県竹田市竹田1980	受験勉強の場として利用／高校の文化部の水質調査で利用
新宿区立角筈図書館	東京都新宿区西新宿4-33-7	新聞雑誌の閲覧と待ち合わせ
世田谷区立代田図書館	東京都世田谷区代田6-34-13	大学の定期試験の対策として
杉並区立高円寺図書館	東京都杉並区高円寺南2-36-5	大学のレポート作成で利用
緒方町立図書館	大分県大野郡緒方町下自在172	弔辞作成のための参考資料を求めて。日常的利用
大分県立図書館	大分県大分市駄原587-1	学会発表の資料収集（マイクロフイルム）
大分市民図書館	大分市府内町1-5-38	結婚式の演出資料を求めて
小金井市立図書館	東京都小金井市本町1-1-32	大学院のゼミの報告資料作成
小平市中央図書館	東京都小平市小川町2丁目132-5	雑誌記事を求めて
国分寺市立本多図書館	東京都国分寺市本多1丁目7-1	新聞記事を求めて
国立中央図書館	東京都国立市富士見台2丁目34	民俗資料の文献を求めて
東京都立中央図書館	東京都港区南麻布5丁目7-13	修士論文作成のため
東京都立多摩図書館	東京都立川市錦町6丁目3-1	〃
国立国会図書館	東京都千代田区永田町1-10-1	〃
名護市立中央図書館	沖縄県名護市宮里5丁目6-1	施設見学
角館町立図書館	秋田県仙北郡角館町田町上丁23	大学院の観光動向現地調査
斜里町立図書館	北海道斜里郡斜里町本町42-1	博物館の調査のため
尾張旭市立図書館	愛知県尾張旭市東大道町山の内	時刻表を求めて
長崎県立長崎図書館	長崎県長崎市立山1丁目1-51	長崎の歴史資料を求めて
森山町立図書館	長崎県北高来郡森山町慶師野名	研究会の報告資料の作成
諫早市立図書館	長崎県諫早市東小路町8-5	図書館の建設資料を求めて
滋賀県立図書館	滋賀県大津市瀬田南大萱町1740	滋賀県の郷土資料を求めて
能登川町立図書館	滋賀県神崎郡能登川町山路2225	展覧会、映画鑑賞
八日市市立図書館	滋賀県八日市市金屋2丁目6－25	廃棄図書購入／コーヒーを飲みに
甲西町立図書館	滋賀県甲賀郡甲西町中央5－50	コンサートを聴くために
愛知川町立図書館	滋賀県愛知郡愛知川町大字市1673	原稿作成のための文献収集

に変化していった。この変化は、図書館側の変革の有り様によるものであったと思う。使える図書館が自分の生活圏に増加することにより、利用館数と利用回数がともに飛躍的に増えたのである。また同時に、魅力的で個性的な図書館の出現により使い分けをすることも覚えた。そして、それが理由で旅先などでその土地の図書館にも興味を抱くようになった。

数多くの図書館を訪問するうちに、それぞれの比較をするようになったのもこの時期である。それがまた利用回数を増やすことになり、活用術も広がった。単に本を読んで借りるだけでなく、レファレンス、コピー、リクエスト、マイクロ閲覧など、これまで以上に主体的に利用するようになった。もちろん、このような経験は、今現在のサービスを提供する側において大いに役立っている。

私が利用した目的以外にも、さまざまな目的をもって多くの方が図書館に足を運んでいる。それぞれの人が、それぞれの関心に応じて図書館の資料を活用しているのである。図書館に五万冊の本があれば、五万人の著者から刺激を受けることができる。この「知識の蔵」ともいうべき図書館へ行くということは、それぞれの潜在的な関心までを引き出してくれる装置を手に入れたことにもなる。そんな夢をかなえてくれる図書館が、なぜ住民の希望通りにつくられないのだろうか。次章では、具体的な「図書館づくり」の背景に迫っていきたい。

第3章

図書館をつくる

森山町立図書館の内部

中学校区に図書館を

かつて、「ポストの数ほど図書館を」というスローガンをよく耳にしたが、ポストの数である一七万七〇〇〇ヶ所（二〇〇二年、郵政事業庁調べ）にどれくらい近づいたのだろうか。確かに、都市部では九八パーセントを超える図書館が整備され、一九七〇年代以降、この三〇年の間に飛躍的に図書館の数は増えた。しかしながら、農村、漁村、離島、過疎地にあっては遅々として図書館設置は進んでいない。これらの都市以外の町村では、図書館を設置している自治体はいまだに五割にも満たないのだ。

果たして、都市以外の小さな町や村には図書館は必要ないのであろうか。学校制度というものがなかった江戸時代に「学校は必要か」という問いかけをするのにも似ているが、必要と理解されないかぎり図書館設置の要求もされるはずはないし、その結果として、図書館の空白自治体が存在することにもなる。

では、図書館の空白自治体が文化的な施設の空白自治体かと言えばそうではなく、公民館、文化会館、郷土資料館などの施設が必ずと言っていいほど設置されている。とくに公民館は、図書館とは逆に、戦後直後に誕生してからほとんどの町村に設置されており、逆に東京の二三区内にはほとんど姿を見ない施設である。研究者は、図書館を都市型施設とし、公民館を農村型施設と区分するのかもしれないが、過疎化が進む北海道の農村である置戸町立図書館では一九七六年に、また隣町の訓子府町立図書館では一九八五年に年間の貸出し率が日本一となっていることから考えて、その区別はおかしいということができる。その後、数回日本一になっている置戸町や訓子府町にかぎらず、人口一万人にも満たない農村部での図書館の定着例も数多く報告されている。

やや繰り返しになるが、図書館を設置している自治体と未設置の自治体、さらに図書館がある自治体間であってもその内容面での差は著しい。これは、図書館が自治体の任意設置となっていることが理由だが、近隣の図書館と比較するとその差がよく分かる。電気、ガス、電話、郵便、水道、学校などと同じように、生活に欠くことのできない施設の一つとして十分にその役割を果たすものであるという社会での認知度が高ければこうはならない。住民のための施設である体育館は豪華に建設されても、図書館整備への道程はまだまだ厳しい。体育館の利用者数よりはるかに図書館の利用者数の方が多いのに、なぜ図書館の設置の方が後回しになるのかが不思議である。そしてもう一つ、利用頻度の少ない文化ホールに各自治体が巨額の投資をしているにもかかわらず、図書館にはなかなか予算が下りないというのも不思議である。

未設置自治体に図書館がない理由を問えば「お金がない」という答えが返ってくるが、正確には図書館に投じるお金がないということである。つまり、図書館を設置した後に、どういう影響を住民に与えることができるのかということがイメージできないのである。そうなると、図書館のない町の住民は、生涯図書館というものを知らずに終えることになる。また、今現在全国で進められている市町村合併構想の進行次第では、数字の上では図書館未設置自治体が解消されることになるが、皮肉にも自治体の面積が広がり、ますます図書館が日常生活から遠のいてしまうことになる。こうなってくると、図書館は衰退の一途をたどることも予測される。たとえば、大博物館のように、一度遠足や修学旅行で行って二度とは訪れない施設となってしまうかもしれない。

一九七〇年代以降、確かに日本の公共図書館は飛躍的な発展を遂げた。それを支えたのが『中小都市における公共図書館の運営』（日本図書館協会、一九六三年）、通称「中小レポート」と呼ばれる中小都市における公共図書館の運営報告書である。それが一九六三年に刊行されてから四〇年近い歳月が経過したが、その影響を受けて図書館が発展したのは主に都市部であって、農山魚村部ではほとんどその恩恵に浴することがなかった。

当然と言えば当然である。なぜならば、「中小レポート」は人口五万～二〇万人の都市を対象としてつくられたものである。つまり、小さな町村の図書館は初めから対象としてこなかったのである。その証拠に「中小レポート」では、小さな町の図書館

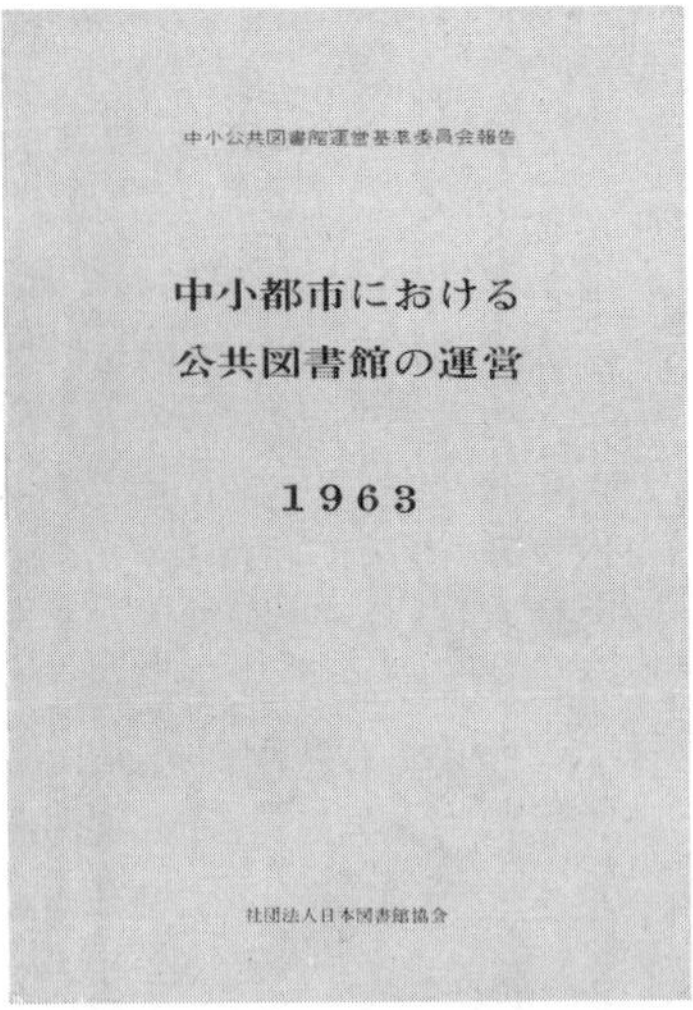

中小都市における公共図書館の運営

設置のあり方として、近隣町村と連合して五万人程度を目安に組合立図書館の設立を提示しているのである。

都市部での図書館の発展が「中小レポート」によって繁栄した「光」の部分とすれば、町村などの郡部、とくに離島などは見放された「影」の部分といえる。

図書館界でのバイブルともいうべき「中小レポート」の役割は計り知れなく大きいが、当時の社会的背景や図書館をめぐる状況は今日とは大きな違いがあり、今こそポスト「中小レポート」、あるいは「中小レポート」の表題ともなっている中小都市以外の大都市や小自治体にも対応可能な図書館計画の視点が求められるのではなかろうか。図書館関係者の間においてはいまだに中小レポートは精神的なよりどころかもしれないが、現実を直視して欲しいと願わずにはおれない。

もし、図書館を住民の書斎並みの機能をもった場所にするならば、家から適当な距離に位置していることが条件として浮かぶことになる。そうなると、財政面やコミュニティーの限界性を考慮すると中学校区を基礎単位にすることがきわめて説得力をもつことになる。つまり、学校制度並みに図書館を整備していけば理想的な環境ができ上がるのである。分館が必要であれば小学校区に配置することを基準にすればいいし、中央館を整備するのであれば高校の学区制を基準にすればよいのである。それ以上に高度な専門図書や保存機能を考えれば、国立大学の配置を参考として設置していけばよいのではないかと考える。

国の制度や自治体の統廃合が進もうとも、せめて学校制度並みに図書館が設備されていくことが望まれる。一見すると夢物語のようでもあるが、赤ちゃんから老人まで、一生涯使える施設であることを考えればこのくらいの設置は当然と思える。またそれが、地域経済の振興にもつながるのではないかと考えるのは私だけなのだろうか。

明治時代に学校制度が確立されて近代国家へと発展を遂げた日本だが、こと図書館に関しては学校制度並みに整備することはできなかった。文化国家としては当然やるべきことでもあるし、また可能なことでもある。では、なぜ未設置自治体の関係者が図書館建設に飛び付こうとしなかったのだろうか。その理由として次の五つが挙げられる。

❶設置しても、利用される見込みを立てることができない。
❷多額の費用がかかりすぎて財政事情が許さない。
❸有為な施設という認識がもてない。
❹図書館建設のハードおよびソフトのノウハウをもち合わせていない。
❺自治体内にそれを運営するだけの人材がいない。

さて、このような理由を並べられるときわめてごもっともに聞こえるのであるが、本当に困難なのかどうかをこれから検討してみたい。

まず一番目についてであるが、これは私も自治体の首長や議員、そして教育委員会の担当者などから「うちの町では本を読むような人はほんの一部の人で、図書館をつくってもほとんど利用されない」とよく言われた。また、それを理由として設置を見送っている場合が多いが、私の経験と見聞から、これは事実に反するということを明言しておきたい。のちに詳しく述べるが、私は大分県の過疎の進む人口約六六〇〇人の緒方町立図書館、長崎県の穀倉地帯に位置する、同規模の人口約六三〇〇人の森山町立図書館、さらに現在館長を務めている滋賀県の農村地帯に位置する人口約一万一〇〇〇人の町に設置された愛知川町立図書館という三館のそれぞれ準備期間から開館までを現場の責任者としてかかわってきたが、ここに挙げた諸々の心配は杞憂に終わったし、想像以上の利用率を上げている。どんな地方の図書館であれ、それなりの条件をクリアすればそこに住む人々は利用すると断言したい。

緒方町立図書館は資料館に併設されたわずか八〇平方メートルの空間であったが、開館後すぐにその一〇倍の面積がある資料館の利用数を超えた。公民館の図書室時代と面積は変わらないが、公民館時代と比べると約一〇倍の利用となった。現在見られる図書館の最新設備および家具などからすれば見劣りする空間ではあるが、「利用者の秘密を守る」という一つの取り組みをしただけで利用が飛躍的に伸びた。

緒方町は町域が広く一五〇平方キロメートルも面積があるためアクセスも悪く、その上図書館の面積および蔵書も他の自治体に比べて少なく、利用のしやすさということから考えると決してよい環境ではなかったが、意外に利用率が高かった。森山町や愛知川町では、利用者の秘密を守ることに加え、開館時から五万冊を超える蔵書数、一二〇〇種類を超える雑誌、正規の司書を複数採用して一〇〇〇平方メートル以上の開架室などの整備をしたら連日五〇〇冊以上の貸出しをする状況となり、公民館の図書室時代には想像もつかないほどの盛況ぶりとなった。

このように、図書館の今日的な姿を見れば、利用される見込みをもてないとは絶対に言えないのである。また、全国のすべての都道府県で一館以上の図書館を見学した経験からも、どんな環境下でも一定の基準を満たせば図書館は利用されると断言できる。また、万が一利用の予測が立てられないとしても、生涯学習を推進する気持ちが行政側に少しでもあれば、その機関として図書館が最高の施設であるということに気付くはずである。住民側はすでにそのことを十分認識しており、全国各地で行われた

森山町立図書館はこんな風景の中にある

アンケート調査において、生涯学習施設として図書館を第一位に選んでいることからもそれは証明できる。

さて、図書館の必要性を踏まえることができたら二番目のお金（財政）の問題に突き当たる。もっとも重要な問題であり、図書館をつくる上において一番高いハードルとなる。しかし、これは決して深刻な問題ではない。家庭の問題に置き換えて考えてみるとよく分かるが、たとえば貧しい家庭に町一番の優秀な子どもを授かったとして、その子どもの進学を経済的な理由だけで断念することができるだろうか。その子の親は、すべてに優先して子どもが進学できるように条件整備をするであろうし、周りもサポートを惜しまないだろう。もちろん、親も多少の耐乏生活は苦にならない。

図書館もこれと似ていて、すべての住民が利用でき、住民の将来が無限に広がる契機となる施設を最優先しない人はいないだろう。さらに、公的施設の中で利用率がもっとも高いのが図書館であることは先に述べた通りである。行政効率、行政サービスの質を考えても、図書館より優先される施設建設はないはずだ。

だからといって、豪華な図書館をつくろうと言っているのではない。まず、その自治体に条例の裏付けのある図書館を設置して、サービス網を機能させることである。建物のない図書館だって存在しているのだ。極論を言えば、まず図書館条例を設置することが図書館をつくるための最低の条件であり、お金の有無では決してない。

大分県の三重町や山口県の周東町では、公民館図書室時代に図書館条例が設置され、その後に独立した図書館が建設された。金がない場合の図書館設置の方法は、小さく生んで徐々に大きく育てる方法である。これには粘りが必要とされ、最初は小人数の職員と少しの蔵書でスタートし、少しずつ実践を積み重ねながら自治体や住民の支持を勝ち取って規模を拡大させていくのがよい。ただし、これには一〇年単位の時間を覚悟しなければならない。しかし、優れた図書館を見たり、そこで働いているスタッフと交流することによってその時間は短縮することができる。

図書館ができないのはお金がないということではなく、要は工夫とやる気の問題である。図書館を必要と感じたときに、財政事情に応じて計画的で着実な歩みさえすれば必ず図書館は地域に誕生する。

三番目の「有為な施設としての認識がもてない」という問題は、一見乗り越えることが困難な高いハードルのようだが、突然解決する場合が多い。つまり、「百聞は一見に如かず」ということである。前述の長崎県森山町の場合は、滋賀県の湖東町に集落排水事業の視察に町の関係者が行き、そのついでに町立図書館を見学して、これまでのイメージが一新されたことで図書館建設がスタートした。また、人との出会いによって建設に向かうケースもある。

一九八七年の夏、私は福岡県の苅田町から町づくりの講演会に招かれたことがあった。台風の影響で風が非常に強い中、会場となった神社の境内で「村おこし」について話したわけだが、その半分を図書館の話に費やした。この会の終了後、主催者のメンバーの一人から「今日の図書館の話を、明日、うちの役場の課長たちにして欲しい」と頼まれた。急なことゆえ準備不足ではあったが、翌朝、役場の会議室で一〇人前後の職員を前にして図書館の意義について話をした。そのときに応対してくれたのが秘書課長の増田浩次氏である。その増田氏は翌年に図書館設立準備の責任者となり、のちに苅田町立図書館長を務めることになった。

苅田町立図書館は一九九〇年に開館し、九州の図書館界をリードする存在として多くの人々に影響を与えている。そして、この開館にかかわった職員が図書館づくりの種子を全国にまいている。一例を挙げると、開館から中心的な専門職員として働いてきた才津原哲弘氏は、そこでの係長としての実績を買われて、図書館の先進県とい

能登川町立図書館

われている滋賀県において一九九八年に開館した能登川町立図書館長（前ページの写真参照）として、また同じく係長であった山崎周作氏は、二〇〇一年に開館した福岡県内の豊津町立図書館の現場責任者として活躍している。

このように、偶然ともいうべき出会いが思いがけない展開を招き、自治体内で図書館が認知されて建設に向けて動き出すこともある。しかしながら、偶然の出会いを待っていてもなかなか事態は進展しない。官民一体となって自ら機会をつくるようにすればより確率の高いものとなるだけに、多くの図書館を見ることが重要である。

誰にも気兼ねなく気軽に、いつでも好きなときに、自分の能力に応じて何かを得ようとするとほとんどの人が本に出合うことになる。それを無料で、居住地の図書館だけでなく、自治体を越えてそのサービス網は全国に広がっている。自動車の走る道路造りに熱心であっても、知識の道路となる図書館のサービス網を設置しない町に輝かしい未来などはない。たとえ表面上は栄えたとしても、ゴールドラッシュでわいた町がのちにゴーストタウンとなったという事例を述べるまでもなく、知識、教養という背景がない町は空虚なものとなる。前例や経験や勘だけでなく、広い視野での情報収集の必要性は誰もが認めるところである。図書館が、その拠点として大きな役割を発揮することは言うまでもないことである。

四番目の図書館建設のハードとソフトのノウハウをもち合わせていないという点については、いたって簡単に解決がつく。つまり、視察を含めた学習によってそのほとんどがクリアされるのである。まず、どういう図書館をつくろうかという理念の確立が求められ、その理念をどう具現化するかを追求していけばいいのである。

図書館建設に造詣のあるコンサルタント、実績のある設計者への依頼も一つの方法であるし、それだけでも無難に建物としての図書館は建つ。また、実績がなくても、図書館建設に情熱を注いでくれる発想の豊かな設計者であれば十分に期待にこたえてくれる。このことは、緒方町、森山町、愛知川町での図書館、資料館、スポーツ交流センターの建設にかかわった私の経験からも強調しておきたい。

ただし、建設のプロと接する際には、依頼する側にも真剣な姿勢が求められることを付け加えておく。小さな自治体であればあるほど図書館建設にかかわる事業が頻繁にあるわけでもないため、誰しも多くの不安を抱えてのスタートとなる。それだけに、建設関係者とのコミュニケーションの場は真剣なものにしたい。

最後に、人材がいないという問題である。うちの町には司書資格をもつ職員も図書館に精通している人もいないと多くの自治体で言われるが、保健センターを建設すれば躊躇することなく新規雇用をして保健婦を配置するのと同じように対処すれば何の問題もない。むしろ図書館では、保健センターにおける保健婦の雇用のように司書雇用が連想されないところに問題がある。前述の才津原氏が福岡市から苅田町へ、さらに苅田町から能登川町へ招聘されたように、新しい図書館には専門家が必要であるという自治体の認識の結果として司書の自治体間の異動が実現したのである（ほかには、国立国会図書館から大分県へ、福岡県立図書館から小郡市へ、千葉県立図書館から浦安市へ、久留米市立図書館から鳥栖市へ、といった例などがある）。

滋賀県での図書館設置では、他の自治体から専門職として招聘することは決して珍しくはなく、すでに一〇を超える自治体で他県から専門職を受け入れている。しかし、このような滋賀県の例は全国的にはきわめて稀であろう。それに、図書館勤務の経験がなくても熱心な職員が自治体には必ずいるはずだ。ただ、そういった人物を見いだせないだけなのである。

図1は、多くの自治体での図書館設置の過程において見られたさまざまな要因をまとめたものである。この図に描いたように、外的な力と内的な力が相まって歯車は動きだすのである。もちろん、一方だけの力ではこの歯車は動かない。しかし、一旦動き出すと目標に向かって止まることなく突き進んでいく。また、このときに集められたエネルギーの質そのものが開館後の図書館の動向を左右すると言っても過言ではない。

どうしたら図書館建設に向かうのか

では、どのようにしたら図書館建設に向かうのだろうか。肝心なのは首長の意思が図書館建設に動くことであるが、首長が意思決定をするのには住民、議会とのコンセンサスが必要となる。

図1　自治体における図書館設置の課程

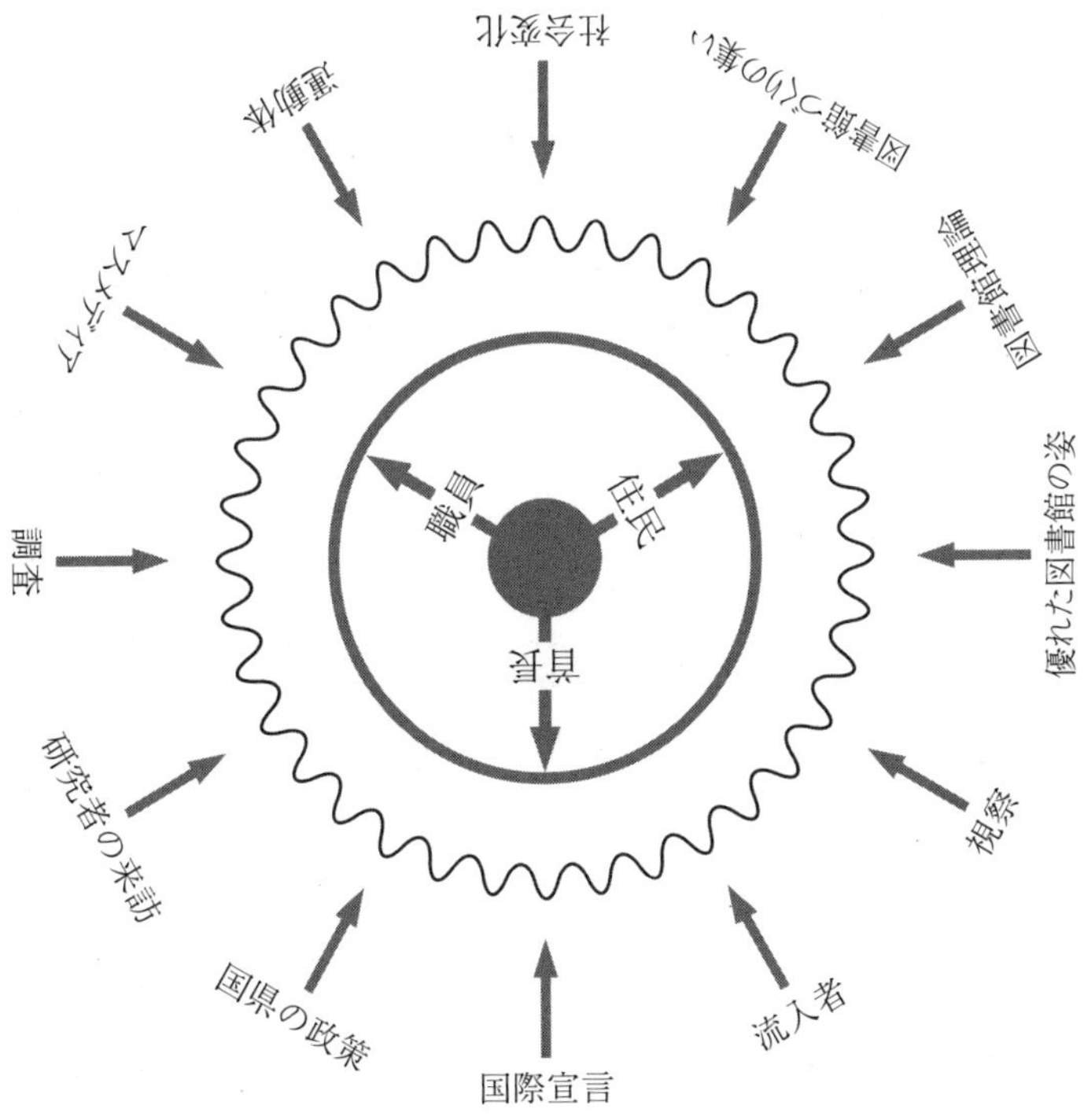

私がこれまでにかかわってきた図書館においては、首長の意思決定のプロセスがすべて異なっていた。私が最初に手がけた緒方町立図書館の場合は、職員が町の文化人に図書館の必要性を説得し、その文化人とともに町長を納得させて議会の議決を経て図書館設置に動いたのである。次の森山町のときは、町長自身の強いリーダーシップがゆえに住民や議会が納得し、図書館の設置が決定された。さらに愛知川町では、住民の要望や議会質問により、町側がそれにこたえる形で図書館建設に向かった。この愛知川町のようなケースは稀で、よほど条件が整わないかぎりこうはならない。愛知川町がこのような道を歩んだのも、滋賀県の政策、そして近隣の優れた図書館の影響が相まってその機運が醸成されたと思われる。そして、ここで見逃せないのは、こうした状況をつくり出した滋賀県知事のリーダーシップである。

それでは、首長の図書館建設への強いリーダーシップが期待できない場合はどのようにすればよいのであろうか。結論を言えば、住民、議会、職員が知事や市町村長をいかに口説くかである。その方法は与えられた環境によって異なるが、粘り強く図書館の必要性を訴えるしか道がないように思われる。

一人ひとりができることをやれば、夢に思えたことも必ず実現する。その土地に図書館を必要と思った人が首長を口説き始めればよいのである。新聞への投稿、住民運動、文庫活動（1）など、自分にあったさまざまな方法があるはずである。最初は一人の小さな流れかもしれないが、同じ思いをもつ流れが合流し、やがては大きな大河となって首長を動かすことになる。

そうした例の一つに、長崎県諫早市の主婦たちによってつくられた「びぶりおの会」の活動がある。一九八五年に結成されたこの会は、一六年間もの地道な活動を重ねて、一〇年後の一九九五年には西諫早分館のオープンを、一六年後の二〇〇一年には貧弱であった本館を新築移転させるまでの重要な働きを担った。この会なくして、二つの図書館の建設はあり得なかったと言われている。誰かが言わないかぎり先には進まない。この諫早市の主婦たちの粘り強さは、運動の継続の大切さを多くの人々に示した。この一六年間の経緯が「図書館雑誌」（一九九七年二月号）に掲載されていたので、**表9**として紹介しておく。

図書館の建設意思を首長が決定したら、すぐさまそれに向けての準備作業に入る。当然、資金計画、土地取得、準備室の設置、情報収集が最初の仕事となるわけだが、これはどんな施設を造るにも共通する事柄であるので本書では割愛し、実際に図書館というシステムを機能させる点について以下で述べていくことにする。

（1）　地域の子どものために読み聞かせや紙芝居、おはなし会、講演会を中心に行うボランティア活動である。図書館関係者の間で広く一般的に使われている言葉であり、文庫といえば文庫活動を指す。図書館のない地域では、これらの活動が地域に図書館を誕生させた原動力になった例が多くある。

表9　諫早市の16年間のおもなできごとと図書館利用状況

図書館利用状況

年	登録	1人当り貸出	1人当り資料費
1984	3％	0.9冊	46円
1988	10.7％	1.56冊	99円
1991	18.7％	2.58冊	147円
1994	28.4％	2.57冊	329円
1996	36.4％	2.9冊	216円

おもなできごと

1980●西諫早子どもの本と楽しむ会発足
1982○西諫早公民館図書室ボランティアにより貸出し開始
1985●びぶりおの会発足
1986○第1回図書館フォーラム／●諫早コスモス朗読奉仕会発足
1987○図書館基金チャリティコンサート（1300人参加）
1988『諫早の新しい図書館計画に関する請願』
1989◎市立図書館スペース拡張改装（市民センター4階750㎡）／◎コンピュータシステム化
◎移動図書館運行開始／『図書購入費の増額をお願いする陳情』
1990○JBBY子どもの本諫早大会（1500人参加）／○第2回図書館フォーラム
●諫早としょかん友の会発足
1991○ワークショップ「子どもと図書館」／●諫早子どもの本の会発足／●諫早おはなしの会発足
『西諫早公民館図書室への職員の配置と要望』
1992○諫早としょかん友の会ブックリサイクル
1993○昔話を楽しむ九州交流会長崎大会／○友の会バレンタインコンサート
2月『西諫早地域図書館の設置と、土日の開館についての陳情』（8団体）
◎4月公民館図書室から諫早市立西諫早分館となり、土日開館となる
1994○第3回図書館フォーラム／『図書館職員に関する請願』（3個人8団体）
1995○西諫早分館移転改装オープン（地区センター3階から1・2階へ移転）
1996◎12月新・諫早市長吉次邦夫氏、諫早市立図書館新館の平成9、10年度で基本計画実施設計、平成11年度くわ入れ、平成12年度完成を表明

●＝市民の会発足　◎＝行政の動き
○＝市民による行事　『　』＝陳情・請願

過疎地での手探りの図書館づくり

九州の大分県の過疎地で育った私は大学生活を東京で送ったが、さすがに大都会での生活は刺激的であった。出版社に勤めていた兄から、「大学生にもなって本を読まないのは恥ずかしくないのか」と言われて一日に一冊は文庫か新書を読むことにし、毎日、渋谷や新宿の本屋を歩き回ることになった。それが高じて大学二年生のとき、大手K書店のパート社員として働くことになり、あふれる本の山を直接見て地方との落差を肌で感じた。ちょうどこのころから、卒業後には九州に帰って文化的な環境づくりをすることが自分に与えられた仕事であると思い始めた。

大学を卒業して一ヶ月が過ぎた一九七六年四月、郷里の緒方町の教育長から社会教育の指導員にならないかとの誘いを受けた。それにこたえて五月から公民館で社会教育指導員として勤務を始めたが、最初に任された仕事が、公民館から本を老人ホームや読書団体に届ける仕事であった。

当時、緒方町には図書館がなく、公民館の一室に二〇〇〇冊ほどの本が並べられているだけであった。その公民館の図書室を先輩の職員と運営するには多少時間をもてあましたが、今から考えるとこれが図書館へのかかわりの第一歩であった。そして六月には、自分の住む自治区の集落公民館に本棚を寄贈し、東京から持ち帰ってきた本を並べてその存在をアピールする作戦に出たが、これは思惑がはずれて十分な効果を上げることはできなかった。それに、公民館の図書室は一日に二〜三人もくれば大繁盛で、誰も来ない日も結構あり、多くの住民にその存在すら知られていない状況であった。その当時の公民館といえば、学級講座やスポーツ事業が主流を占め、図書室は、イベント時の物置としてや会議室として利用される状況であった。まだ新米の私は、当然、図書室が目的外に使用されても反論ができる立場ではなかった。

ちょうどそのころ、知り合いが自宅の書斎を地域の人に開放して文庫を開設したということを知って、町がつくらないならば自分で私設図書館をつくろうと思い立った。早速、土地探しを始めて、町の中心街に近い場所に一二〇坪の土地をローンを組んで手に入れ、二年の歳月をかけて一九八一年の秋に建物を完成させた。この家で思惟すること、太古の時代にこの辺りがシイの木の林であったことに因んで名称を「しいの家」と名づけた。この小さな家に、自分の蔵書二〇〇〇冊を並べて私設図書館はオープンした。しかし、私の思いとは逆に利用する人はほとんどいなかった。それでも、当時の私は私設図書館をつくっただけで結構満足していた。しかし、偶然に出会った浪江虔《なみえけん》さん(2)の言葉が理由で、私は公共図書館へ方向転換することになった。

この浪江さんとは、図書館とはまったく結び付かない、予期せぬ場所で運命的な出会いをしたのである。当時、私は大分県連合青年団の役員をしており、ある日、全国青年問題研究集会分科会の司会を務めたことがあったが、そのときの助言者が何と浪江虔さんであった。浪江さんに「しいの家」について話をすると、浪江さんは次のように言われた。

「個人の資力には限界があるので、自治体が責任をもつ公共図書館の設置に力を注ぐべきです」

私設図書館の失敗、それに追い討ちをかけるような浪江さんの言葉に強いショックを受けたのを今でも覚えている。

緒方町は私の郷里であり、最初に就職した土地でもあって特別な感情をもっている。この町に大学時代から図書館をつくりたいという気持ちをもちつつも現実の壁にぶつかって諦めかけていたときに、当時大分県立図書館の職員であった松尾則男氏から、九州・沖縄の図書館関係者が別府市で会合をもつから一緒に参加しようという誘いを受けた。一九八二年九月のことであった。

その会合には、長崎から長崎純心短期大学教授（当時）の平湯文夫氏、鹿児島から鹿児島女子短期大学教授（当時）の伊藤松彦氏が参加していた。会合はすでに始まっており途中からの出席であったが、平湯、伊藤両氏の図書館に対する熱い思いに圧倒され、その場で両氏に緒方町への来訪を強く要請した。翌日、緒方の町を案内する車中で聞いた平湯氏の「距離的なハンディのある田舎では一流の講師の話など滅多に聞けないが、本ではいつでも世界中の一流の人に出会え

(2)（一九一〇〜一九九九）一九四五年以降に、農地改革など農民運動と農村図書館運動に傾注する。一九四七年、民主主義科学者協会農業部会の農業教科書づくりに参加。以降は、農山漁村文化協会の理事、日本図書館協会評議員を努める。著書に、『農村の読書運動』（新評論、一九五八年）、『この権利をいかすため――自治体と住民――』（評論社、一九七〇年）、『図書館運動五十年・私立図書館に拠って』（日本図書館協会、一九八一年）がある。

る」という言葉や、伊藤氏の「どんな町や村にも図書館のシステムは必要」という話に勇気づけられた。

当時、緒方町にとっては図書館の設置は夢物語と思っていたが、伊藤、平湯両氏の講演によって手の届く存在へと気持ちが変わり始めた。早速、図書館づくりの話を町内随一の読書家であると誰もが認め、農民組合のリーダーでもある高野好文氏に相談し、賛同を得て緒方町での図書館づくりの活動がスタートした。そして、その数ヶ月後には、青年団と農民組合の有志が町長に図書館設置の要望書を提出した。

町当局はこの要望書を受けて、早速、緒方町立図書館設置条例制定に向けての準備にかかった。そして、一九八三年の四月の人事異動で、歴史民俗資料館および図書館の開設担当として私がたった一人配属されたのである。当時、私は役場勤務がまだ六年目の、二〇歳代後半の若輩者であった。役場の同僚からは「栄転じゃねーか」と言われたが、これまでに誰もがやったことのない仕事を一年後には形にしなければならない重圧だけが両肩にのしかかり、私自身は喜びどころの騒ぎではなかった。

翌日から、建物だけが完成した備品もないがらんどうの空間でたった一人の出発となった。そして、隣の公民館から折りたたみの机とパイプ椅子を借りてくることが最初の仕事となった。また、緊急に電話を引く必要があったので、利用者が覚えやすい電話番号を探し出して早速取り付けた。それから一ヶ月間は、開館までの計画づくりをどのように進めるかだけを考えていた。

着任二ヶ月目には、大分県内の先進施設の見学をはじめとして、主要な施設すべてを見て回った。ところが、その中の大分県立宇佐風土記の丘歴史民俗資料館の専門職である人物から、「あなたにはできない」とはっきりと言われてしまった。さすがに、この日の夜は一睡もできなかった。しかし、どんな専門家であろうと最初は素人であり、私にできることをやればいいのだと半ば開き直ったら、それまで以上のやる気が生まれてきた。

それから一ヶ月の間、大分県内だけでなく全国的に注目されている図書館、博物館、公民館へ自費で出掛けていき、現場で働く多くの人々の生《なま》の声を聞く機会を得た。その中でも、東京都日野市立図書館、熊本県玉名市立図書館、東京都国立市立公民館、茅ヶ崎市立小和田公民館、神奈川県平塚市博物館の職員との出会いは衝撃的で、これからやろうとする緒方町での指針として大いに参考となった。あれから二〇年が経過しようとしている今でも、これらの施設で学んだことが日々の実践の目標として生き続けている。

帰郷後すぐに、緒方町と比較するとため息の連続であった国内の優れた施設の見学で得た知識を少しでも生かすために動き出した。まずは、スタッフの充実を町当局に訴えて、準備体制を四人にすることができた。とはいえ、私が最年長の二九歳で、四人の平均年齢が二四歳という心もとない体制ではあった。役場職員内部の私たちを見る目も厳しいもので、どうしたら役場内外で自分たちの仕事を認知してもらえるかを考えた結論が、がむしゃらに働いて目に見える形を示すことであった。朝六時に出勤して夜一二時に帰る日や、職場に泊まる日々が続いた。もちろん、正月などあろうはずもなかった。

このとき、事前の準備としてもっとも力点を置いたのが貸出し方式の変更であった。これは、東京の日野市立図書館を訪れた際に学んだ重要なポイントである。それまでの公民館の図書室時代では、本のブックポケットに借りた人の名前と日付の記録が残る「ニューアーク式」と呼ばれる方式であったが、新しい図書館では貸出し記録の残らない「ブラウン式」(3)を採用した。これは手間がかかって大変な作業であったが、町当局を説得して何とか実現させた。そして、司書資格者の配置も実現させ、書架も従来のスチール製から木製のものに改めて、絨毯コーナーも設置することで温かさを演出した。

仕事は順調に進んだが、職員の入院、結

現在の緒方町立図書館の内部（2003年8月）

婚退職という事態に遭遇した。さらに一緒に進めていた資料館準備の一つである茅葺き民家の移築作業中に、ボランティア参加の元茅葺き屋根棟梁が転落死するというアクシデントも起きて絶望的な状況に追い込まれた。目の前が真っ暗となり、脱力感に襲われて手付かずの状態が何日も続いた。そのような厳しい状況の中で、開館前の施設に毎日通ってくれ、新しくボランティアを買って出てくれた人物の一言、「棟梁の分まで頑張ってやり遂げてやる」という言葉に元気づけられ、何とか仕事が再開できるようになった。

相前後して、結婚退職した司書に代わって後藤妙子さんという得がたいスタッフが新しく加わった。また、入院していたスタッフも一ヶ月振りに職場復帰した。体制が整い、悪戦苦闘の末、一九八四年六月二四日の午前九時に念願の緒方町立図書館がオープンした。大分県の町立図書館としては三館目の図書館となった。

待ちに待った開館の日、図書館のすぐ傍に住む加奈ちゃん（仮名、当時三歳）が一番のりでやって来た。以後、加奈ちゃんは常連客となり、数年間にわたって図書館の一番の利用者であった。

一週間しても図書館の賑わいは引かず、公民館時代とは比較にならないほどの利用状況であった。新しく購入した児童書は、貸出しが多すぎて本棚から消えるほどであった。ささやかな図書

(3)　一九世紀末に考案された図書館におけるカード式貸出し法。コンピュータが普及するまでわが国の公共図書館でもっとも用いられた貸出し方式で、ニューアーク式のように本に貸出し記録が残らない。

館で、ハード的にもソフト的にも欠陥だらけであったが、日野市立図書館をはじめとして多くの図書館で学んだ基本的な事柄が緒方町の住民にも受け入れられたという安堵感と嬉しさで、溢れる涙を止めることができなかった。

また、新しく入った後藤妙子さんには司書資格がなかったが、図書館には司書を置くことを主張していた私の立場を察してくれたのか、別府大学で開講している司書講習への受講を申し出てくれた。小学生と中学生の子どもがいた彼女の、母親としての務めやさまざまな壁を乗り越えての司書資格取得にはこちらも奮い立たされた。

図書館が開館して予想外の広がりを見せると、開館前に郡内の三重町立図書館長の伏野宗孝氏から聞いていたことが現実の姿となった。

子どもから老人までの幅広い層が来るようになったし、町を歩いていても利用者の方から声をかけられるようになった。これは、公民館の職員時代にはなかったことである。公民館時代は、子どもや家庭の主婦といった人たちとの接点があまりにも薄かったと思われる。公民館で出会う人々は講座、会議などの目的で利用することが多く、個人として利用することが少ないために職員と接する機会が少なかったのである。それに比べて図書館は、個人の利用という性格からして職員に対して親しみを感じるものと思われる。

開館後一ヶ月もすると公民館の図書室時代の一年分の利用実績となって、町民にも認知され始めた。お金や本の寄贈も増え、香典返しに寄付を申し出る人も現れるようになった。また、こんなささやかな図書館なのに、近隣の竹田市、朝地町、清川村といった緒方町周辺の住民も利用するようにまでなった。しかし、このことは、いかに日本の図書館事情が貧しいかを物語ることでもあり、決して手放しで喜べることではない。

その当時の大分県の町村の中には、年間の図書購入費が一〇万円以下という自治体が結構あった。そのため、購入予算が三〇万から二〇〇万円となった緒方町の図書館に周辺の人が集まってくるのは無理からぬ話であった。

年間の図書購入費が一〇万円というのは、ちょっとした読書家であれば個人でも負担している金額である。近隣では、その程度の意識しかない状況の中で緒方町は図書館に対してそれなりの理解を示してくれた。たとえば、図書購入費を予算計上の「備品」の扱いから「消耗品費」に変更してくれた点が挙げられる。大したことではないと思われるかもしれないが、図書館員および利用者にとっては精神的な負担を軽減でき、大変ありがたい措置であった。つまり、備品としての本であれば大切に扱うことばかりが必要以上に強調されるために管理中心となり、利用しづらい状況がつくり出されてしまう。つまり、消耗品への変更はそれに対する改革の一つであった。

開館後のもう一つの新たな動きとしては、大学生が帰郷した折や、教育実習生として地元に帰って来たときに図書館を訪れるようになったことが挙げられる。そして、利用してくれた学生たちが卒業後に図書館司書となって働いたり、埋蔵文化財技術者として活躍したり、教師となって子どもたちを指導していることをのちに知り、改めて仕事の継続性の大切さを実感させられた。

当然のように、そうした人々の中には緒方町の図書館で働くことを希望する人も現れ、実際に職員となった人もいた。人が育ち、それが繰り返されていくシステムが図書館の中に確立される……これに尽きるものはない。

緒方町立図書館は、その面積、施設設備、蔵書、職員体制のどれをとってももちろん十分ではないが、現在約三万冊に増えたこの図書館の存在意味は大きい。今は不十分かもしれないが、いつの日か大輪の花を咲かすときが必ず訪れるはずである。確かに、図書館としては貧弱であるが、全国すべての中学校区において緒方町ほどの図書館システムを確保している自治体がいったいどれほどあるのだろうか。

海に囲まれた小さな町の図書館づくり

一九九三年四月一三日、月曜日の午前一一時に私は長崎県諫早市の隣の森山町にいた。その一時間前には緒方町の職場に電話を入れた。この日の九時に人事異動の発表があったので、その結果を聞いたのである。その年の二月の緒方町長選挙で初当選した山中博町長が、就任後に初めて行った人事発令の日であった。

山中町長は私に配慮して町長の思う最適任者であるA君を配置してくれたが、実は、私はその時点では別の人物であるB君を欲しいと要請していたのである。もちろん、町長が適任と思った、誰の目にも優秀なA君には彼の能力を生かして別の組織で図書館を援護してもらう構想を考えていたのである。町長としては同じ分野の人材に映ったかもしれないが、A君とB君とでは厳密には専門領域が違っていたのである。人の問題は重要であるのでもっとも慎重に考えていたのであるが、どうやら私の説明が十分ではなかったようだ。首長や周囲が優秀と認めても、図書館の現場では必ずしもそうならないのである。

旧知の間柄でもあった山中町長だったが、結果は予想した通りとなった。時間的な余裕がなかったこともあるが、この時点で私の気持ちは森山町の計画内容を真剣に聞いてみようというように傾き始めた。この日、森山町には生涯学習の町づくり事業のアドバイザーという名目で来たのだが、実際は、この事業に私が参画するかどうかを決めるための町長との面談であった。

まず最初に町長室に通され、橋村松太郎町長から森山町の町づくりと生涯学習の計画についての説明を受けた。その説明の中に出てくる「村ノコシ運動」、「安易な住宅開発はしない」、「一八ヘクタールの湿地を生かした手をかけない自然公園」という言葉は新鮮であった。私の方からも図書館の今日的な役割について説明し、次週の再会を約束してその日の会合を終えた。そして、この日から森山町立図書館の開設にかかわることになったのである。

森山町に通い始めて三ヶ月が経過した一九九三年七月、森山町の計画は具体的な人員配置の課題に突き当たり、どうしても私が森山町に移って職員として準備しなければ計画が進行しない事態となった。この時点で、緒方町役場を辞めて森山町に移るかどうかの選択を迫られた。私にとっては一大事であり、新天地でやれるかどうかの不安と、新天地で活路を見いだしたいという気持ちが交錯したが、結局、森山町行きを決断した。

森山町立図書館が誕生した最大の理由は、当時の橋村松太郎町長の強力なリーダーシップによるものである。橋村町長は広島大学大学院修了後に二〇歳代で町長に就任し、五期連続町長に当選した四〇歳代後半のときに図書館の建設を決意した。都会と変わらない生活環境づくりを整備していこうとする中で、図書館にたどり着いたのである。先にも触れたように、下水道の普及を目指して、その先進地視察のときに木造の滋賀県湖東町立図書館に出合ったことも建設を決定づける大きなきっかけとなった。そして偶然にも、のちに森山町を去った私は、この湖東町の隣町に住むことになる。

森山町の関係者が視察した数年後に、湖東町の関係者に当時の西堀茂平湖東町長の町づくりに対する姿勢を聞く機会に恵まれた。実に、橋村森山町長との共通点が多かったことに驚かされた。とくに、西堀町長が強力なリーダーシップを発揮してインフラ整備に力点を置いた点と、その中心になる職員の起用方法が橋村町長と似ていた。私が最初に森山町を訪れた一九九三年四月の段階では、町道はもちろん農道まで舗装化が進んでおり、町営住宅の整備、町有地の先行取得、町民グランドの整備、武道館の建設が完了していた。その後に、図書館、下水道の整備、温水プール付き体育館、郷土資料館、給食センターの改築へと続いたのである。このような整備に農水省のキャリア、県職員などを派遣職員として受け入れたり、宮崎大学の大学院修了の獣医師、長崎大学病院勤務の保健婦などを積極的に招聘したのである。そうした人事の延長線上に、私と森山町との出合いもあった。

町長の基本的な姿勢には共鳴することができても、実際の図書館づくりにおいて私がイメージしている人材を確保してくれるかどうかは分からない。また、その点をどのようにクリアするかが私の森山町行きの重要なポイントとなった。その決定を下すタイムリミットが迫り、町長に手紙を出して私の描いている準備スタッフの構成イメージを伝えた。町長は強引ともいえるリーダーシップで町政運営をしてきた人だが、理論的に問題がなければ理解を示してくれる人であり、当然私の描いた職員構成のイメージ、つまり図書館への専門スタッフの配置も理解してくれた。

教育関係者は、「社会教育と学校教育は車の両輪と同じで重要である」、また「生涯学習に力点を置く」とよく言うが、どこを見ても社会教育の貧困な状況は一向に改善されていない。どこの自治体も、社会教育について大学で専門に学んできた人など皆無といってよい。それがゆえに、社会教育と無縁な素人がにわか専門職になり、その自治体の社会教育を担当するということが日常行われている。このような状況を改善して図書館のイメージを高める意味からも、大学院修了者を職員のメンバーに入れることも町長に伝えた。このことは、図書館関係者から「その考えは誤りだ」という声も聞こえてきそうだが、社会的な図書館の位置を考えると是非とも必要なことと考える。

博物館にはさまざまな研究分野をもった学芸員がいるが、図書館は多くの場合、何度となく述べたように読み聞かせやコンピュータ操作などのテクニックのレベルが必要とされている場合が多い。私が町長に要求した人材は、特定の研究テーマをもつまったくジャンルの違う複数の人材であった。また、実際問題として、図書館にはすべての分野の本を所蔵しているにもかかわらず現場の司書といえば人文系の出身者ばかりで、どうしても自然科学系の本の扱いが不十分になるために何としても理科系出身の人材が欲しかったのである（第1章二八ページからを参照）。

人材確保への道筋が少し見えてきた次は図書費の確保である。どんな小さな町であっても図書館には五万冊の本が必要という緒方町立図書館の経験から、開館までにこの数字を実現することを目標としようと意気込んだが、この点に関しては町当局が湖東町立図書館などの蔵書数の実態を見聞きしていたことが理由ですんなりと一億円近い額の確保ができた。

最後に残った課題は、「福祉センターと図書館を一緒にして、図書館でデイサービスをしたい」という町長の主張を説得することであった。これは少々時間がかかった。町長は「教育も福祉も同じだから、図書の貸出しをしながら高齢者のお世話もする」と言うのだが、特定の人に集中してサービスを行うデイサービスと、不特定多数を相手にしてサービスを行う図書館サービスは基本的に仕事の質が違い、職員の仕事が両立できないと説明して納得してもらった。福祉と教育には境界がないとする町長の考えに共感しつつも、現実的には図書館員と福祉の専門員を別々に配置しないかぎり無理である。二つの仕事を兼務することで人員の合理化を図ろうとしても、それぞれの仕事が十分にできないことは明らかである。

これらの課題を一つずつクリアしていったわけであるが、その中で、町長が主張し私も賛同したが実現できなかったことが一つあった。それは、図書館と学校との境界を物理的にも取り除き、校庭の延長に図書館をつくり、自由に往来ができるようにすることであった。もちろん、机上の平面計画では容易に実現できるように思われたが、現地は江戸時代以降の干拓地であり、排水事情がきわめて悪い場所であった。そのような所に学校に隣接して境界のない図書館をつくるとなると、大雨のときに備えた排水用の水路を間に造らざるを得ない。当然、莫大な費用がかかることになり、さすがにそこまでの予算はなく断念せざるを得なかった。

このような経緯のもと、一九九三年一二月二日、緒方町に別れを告げて森山町役場への着任となった。それまで幾度となく行き来しており町の雰囲気はおおよそ承知していたが、今日から森山町の職員として仕事を始めるのかと思うと身が引き締まった。町の財政規模は緒方町と大差はなかったが、文化や政治的状況、自然環境などの違う町で果たして自分の能力をどれくらい発揮することができるのかと正直なところ少し不安もあった。

着任後に求められたのは、図書館開館後の事業展開のイメージをいかに構築するかということであった。また、とくに急がれたのは、一ヶ月後までに開館までの二年間にわたる予算編成案を作成することであった。具体的には、建築工事費、図書購入費、地域への情報提供のためのシステム作成費がそれぞれどの程度になるかという算出である。また、この一ヶ月の間に、じっくりと地域を観察することにも努めた。地域に根ざす図書館を目指す以上、地域の的確な状況把握は欠かせないと考えたからである。観察の結果、次の三つが森山町の特徴として挙げられた。

❶市街地形成がなく、集落の中心によろず屋があり、同じような七つの大きな集落が町を形成し、町の核となりそうな学校、役場、郵便局、農協などは分散している。

❷役場を頂点とした、トップダウン型の町政運営のシステムが大きく機能している。

森山町の海側地区。遠くは雲仙の山並み

❸ムラ社会がいまだに十分に機能している。

この三点は、図書館運営にとってはマイナスとなるものであり、現に図書館づくりを進める上において大きな壁となった。

人口の集中する市街地は、日常的な図書館の利用を考えると最高の立地条件となるわけだが、森山町にはその市街地がないのである。最初からハンディを背負されたようなものであり、図書館をつくるにおいて一番気掛かりとなる点であった。また、役場を頂点としたトップダウン型の町政は、利用者とともに歩む運営を基調とする私の図書館構想には馴染まないのでは、という不安も頭をよぎった。さらに、ムラ社会の存在というのは集団志向を意味し、個人志向を基本とする図書館とは相反するのでは、とその当時は考えた。

これらの不安を抱えながら、赴任後わずか一ヶ月で新年度予算案を財政担当に提出し、半年前、つまり緒方町にいたときにすでに決定していた日本図書館協会主催のイギリスへの図書館研修に参加した。第1章でも少し述べたように、一月から三月までのロングランの研修旅行であった。

イギリスでの研修の最大の目的は、小さな町での図書館の展開の実態を自分の目で確認することであった。図書館がどのように整備され、どのような役割を果たし、どのように住民に利用されているかを、可能であればイギリス全土にわたって見てみたいというのが希望であった。またそれは、今日の日本の図書館の潮流を築いた前川恒夫氏(4)や澤田正春氏(5)などがイギリスの図書館の実践に学んだということもかなり意識しての訪問であった。

研修予定としては、たまたま大学時代の友人が住んでいたロンドン近郊のレディングを中心としたバークシャー州の調査に期間の半分をあて、残りの半分でスコットランド、ウエールズ、北アイルランド、イングランドの各地域の図書館を訪れ、独立意識が強いとされる各地方の図書館の実態を把握しようと計画を立てた。そしてもう一つ、イギリスの大都市にあるコミュニティーの図書館事情にも大変興味をもった。

最初の訪問となったレディング市の図書館で大きな衝撃を受けた。第1章「多様な可能性を秘めた図書館」のところでも述べたように、一つは図書館網が市全域のコミュニティーに機能している点、もう一点は図書館員の質がきわめて高いという点であった。とりわけ驚かされたのは、調査相談を待つ列ができており、その順番を待っている利用者が大勢いたことである。日本で、このような光景を目にしたことはもちろんない。図書館の信頼度の高さを眼前に突きつけられて、言葉が出なかった。自分が求めている図書館のイメージが目の前にあり、日本の図書館とのレベルの違いを見せつけられた思いであった。そのとき、知人がかつて言っていた次のような言葉を思い出した。

「日本の図書館司書の中には、児童へのサービスができる図書館員こそが図書館の専門職と言っている人がいるが、あれは児童書のレベルの理解しかできない人の台詞である。図書館には、各部門ごとに専門分野をもつ司書が必要なはずである。児童書だけに力点を置くことは、図書館を矮小化するものである」

児童書にかぎらず、すべてのジャンルに担当者を配置して使用者の相談に乗っている光景を目の当たりにして、目から鱗が落ちた思いであった。レディングの図書館がそれこそ幼児から大人までのすべての人のための図書館とすれば、日本の大多数の図書館は、矮小化されたきわめて幅の狭いものに見えてきた。この図書館員の差はいったいどこからくるのか、その原因を是非とも探りたいという気持ちに駆られた。研修の目的が、現地でさらに一つ追加されたわけだ。

そのような疑問を最初にもったことによって、訪問先のそれぞれの図書館員の名刺を注意深く見るようになった。こちらの図書館員の名刺には、大学の出身学部や大学院での専攻が記されてあり、名刺を見ることでその人がどんな立場にいるのかが分かった。日本では考えられないことであった。これまでに私が接していた図書館員と比較して、みんなが高学歴で社会的な地位をす

---

(4) 一九六五年に東京都日野市立図書館館長に就任。現在の〝市民の図書館〟づくりの先駆者。日野市立図書館の実践は、一九七〇年以降の日本の公共図書館に大きな影響を与えた。一九八〇年から一九九〇年まで、滋賀県立図書館長として滋賀県を図書館の先進県として導いた。一九九一年から一九九九年まで甲南大学教授。

(5) 北海道置戸町の司書や図書館長を務めるともに、置戸町の図書館を五度にわたって住民一人当たりの貸出し数を日本一に導いた中心人物。図書館立地の厳しい山間の小さな町での優れた実践は、全国の図書館関係者の注目を集めた。前川恒雄氏の跡を継ぎ、一九九一年から一九九八年まで滋賀県立図書館長を務めた。

でに確立している専門職という印象を強くした（三三ページの**表2**を参照）。

レディングのあるバークシャー州内のほとんどすべての図書館を訪れた後にスコットランドに向かった。地方間での独立意識が強いイギリスでは、同じ国内であってもイングランド地方からスコットランド地方へ行くということは異国に行くようなものである。これは、サッカーのワールドカップで両地方の代表がいることでもよく分かる。

スコットランドでは、エジンバラで一泊した後に、そこから電車で一時間ほどの所のノースベリックという海沿いの小さな町を訪れた。ここは、渡英前にあるイギリス人から紹介されていた町で、森山町に非常によく似た所であった。この町の図書館を訪れてびっくりしたのは、その利用の多さであった。レディングは都市であるため利用が多くてもさほど驚きはしなかったが、このスコットランドの田舎町の図書館のカウンターに列ができているのには驚いた。目の前に数冊の本を抱えた人が列をつくって貸出しの順番を待っており、職員は汗だくになりながら対応しているが、続々と列に加わる人が来て昼までその状態から解放されないのである。イギリスの図書館の見聞を通して、日本の図書館は約一世紀は遅れているのでないかという思いにさえなった。

さらに館内を観察すると、本の提示だけでなく、さまざまな工夫を凝らして多くの情報を提供しているのが見えてきた。玄関にはエイズ撲滅のキャンペーンのポスター、求人票、観光案内、地域行政情報のファイルなどが置かれ、いずれも日常生活に深く根ざした内容のものであった。このような工夫がゆえに地域に住む人々の信頼を勝ち得て、先述した順番待ちの状況をつくり出しているのだという思いをより強くした。

　日本の図書館でもっとも欠けている点と思われるが、こちらでは創造力を発揮した運営を随所で見せつけられた。単なる画一な運営ではなく、それぞれ地域にあった創造性を働かせたより良い環境づくりの重要性を改めて知らされた。教科書的なルールに頼ろうとしたりすると、時代や状況の変化に目が届かなくなり図書館そのものの成長を止めることになる。こうした体質を脱却しないかぎり、公共図書館の発展はないように思えた。

　一九九四年の一月から三月までの長くて短いイギリスの図書館訪問（約一〇〇館）ではあったが、これらの多くのことを学び、さらに自分自身の考えを再確認することができた研修であった。

ノースベリック図書館。オープンと同時に駐車場はいっぱい

イギリスから帰国すると新年度予算を審議する三月の議会が目前で、すぐさま現実の世界に引き戻された。新年度の予算が議決をし、予算の裏づけができると、早速具体的な作業に取り掛かった。まず、準備室の立ち上げである。一人では何もできないので、嘱託職員を同時に三人雇用することを町長に申し出、司書資格者と学芸員資格者の二人の女性と、理学博士号を取得したばかりの男性一人に、それぞれ長崎、大分、福岡の各県から来てもらった。全員が町外からのよそ者であり、地域に馴染むことがとりあえずの仕事となった。

準備室には五〇〇〇分の一の町内地図を張り合わせて巨大な地図をつくり、まずは町内の地理的環境の把握に取り組んだ。そして次には、町内をみんなで踏査し、文化財の所在や植生の分布の確認作業を一週間かけて行った。また、調査や踏査で採取した動植物を保管したり飼育も始めた。五月には水槽が一〇個にもなり、メダカ、雷魚《らいぎょ》、ナマズ、フナ、スッポンなどが準備室で泳ぐ姿が見られるようになった。

実は、この生き物の飼育にはちゃんとした狙いがあった。一つにはもちろん標本づくりであるが、もう一つ、生き物を通して住民、とりわけ子どもたちとのコミュニケーションを図ることを考えていた。狙いは的中した。役場内でもっとも目立たない場所にある準備室に子どもがお母さんに連れられて来たり、役場の職員も出入りするようになった。また、住民から珍しい魚や鳥の情報なども寄せられるようになった。さらには、夏休みに大学生のボランティアも手伝いに来たり、周辺の市町村の図書館開設運動団体の人たち、文庫活動の人たち、大学の研究者、学生、社会教育研究者、住民運動団体の人たち、写真家、映画監督、海洋生態学者、図書館研究者、博物館研究者、新聞記者、地元の漁師、アメリカから来た英語指導助手夫妻などという多彩な顔ぶれが準備室を訪れるようになった。そして、それらの人々と酒を酌み交わしながら深夜まで議論をすることも度々となった。

準備室は、その名の通り開館のための準備をする場所なので、完成後の仕事を住民に理解をしてもらうことが重要という認識から「準備室だより」の発行や各種の会合での説明に力点を置いた。老人会の集まりでは町長と二人三脚で町政と図書館の話をセットにして説明を行ったが、ときには町長の代わりに一時間にわたって講演するようなこともあった。

住民理解のための活動と同時に設計作業も進めた。基本的な方向については着任前からの打ち合わせで確認されていたので、その内容はより具体的な詰めの作業が中心であった。大部分が合意のもとで順調に作業が進んだが、開館後の使途をめぐり、見解の違いから視聴覚室、和室、展示室の設《しつら》えが最後まで調整できずに課題として残った。この部分はどこの図書館にもない発想であったので、開館後の具体的な職員の動きと活動の内容の展開を示しつつ、町長、準備室、設計者との合意のもとに実施設計に移行した。

森山町立図書館の基本設計において目指した方向は、次の一〇項目であった。

❶木造（ヒバ材使用）瓦葺きの図書館とする。
❷開架室九万冊、閉架書庫三万冊、合わせて一二万冊の収容可能な空間とする。

❸森山の自然や文化を紹介する大型ビデオスクリーンを配置した視聴覚室とする。
❹美術館並みの企画展示室とする。
❺フローリングや書架はすべて木製とする。
❻「村ノコシ運動」に連動した資料群の配置。
❼館内から外部の景色が見える、見通しのよい空間とする。
❽トイレはホテル並みに設えること。
❾町の人が気軽に来れる雰囲気のある空間。
❿天井が高くて、開放感のある建物。

これらのことをふまえて、選書、郷土資料の収集、家具設計、条例規則の準備、森山東小学校および森山中学校の図書室の整備を同時に担当し、ビデオ、スライドの作成などの準備を進めていったわけだが、その中でも一番精力を注いだのが選書であった。先にも述べたように、開館までに五

◇村ノコシ運動の一つとして

森山町では、集落にある樹木、水路に使用していた石造物、郷土芸能の保存という「村のノコシ運動」が展開されていた。その一環として、図書館の近くにあった萱葺きの民家を復元して、子どもの体験学習や社会教育の施設として整備することを提案した。幸い、旧建設省から補助金も出たので、萱葺き職人、土壁職人などに早速お願いして復元を開始し、一方で民家の紹介ビデオも制作した。

古民家の再現

万冊を揃える計画であったのだが、途中で町長から図書数を増やしてもよいという指示もあり、結果的には六万冊近くの選書となり、膨大な作業となった。

作業を進める最初の段階で、本が図書館の蔵書として登録されるまでのシステムづくりに意外に手間取った。具体的には本の大量発注をするための発注リストの管理、本がコンピュータに反応するためのバーコード仕様、本をフィルムで保護するための装備、書誌データをコンピュータで読み取る「マーク」と呼ばれる方式の決定などは役場では初めての前例のない仕事であり、内部での理解を得るのにかなりの時間を要した。

そして、図書館の命ともいえる選書は、分野ごとに分担を決めて作業を進めた。スタッフそれぞれの大学時代の専攻を考慮して、その教養書を中心に選定することに心掛けた。目標として、開館前年度三万冊、開館年度三万冊の購入を掲げた。

これまでの多くの新設図書館の事例から、最初に高価本を購入してしまったがために最後の調整段階で買いたいジャンルの本が買えなくなって必要冊数に届かないという深刻な事態になることを知っていたので、比較的価格の安い新書、文庫からリストに挙げていった。蔵書構成にも配慮し、国内でも評価の高い千葉県浦安市立図書館や福岡県苅田町立図書館などの資料を参考としながら構成比率や冊数の調整を行った。続いて、本を購入した後に発生する新たな作業への対応にも追われた。運送会社から本を受領して、その本の検収、分類別の箱詰め、落丁本などの返却、館内への搬入までの間約六万冊を保管する場所の確保に至るまで、多くの時間を要した。

九月に起工式を終えると現場が急に慌ただしくなり、週一回は現場の作業事務所で工程会議が開かれた。設計者、建設会社の現場所長、町側の担当者での会議は、ときどき夜の一〇時を回ることもあった。建物は、木造瓦葺きの約二〇〇〇平方メートルの大きさとなる予定で、完成すれば日本一の木造図書館となる。関係者がみんな初体験なことばかりであったが、よい施設をつくろうという気持ちは同じだった。細部にわたって議論を重ね、不明な点があれば模型をもとにして共通認識が得られるまで協議を繰り返した。それでも納得できなかったら、県外まで足を延ばして、イメージする施設設備の前で議論を重ねて結論を出すということさえあった。

基礎工事が終了したころに一月の予算編成時期になり、開館後の事業展開を踏まえた予算案を教育委員会に提出した。相前後して理学博士の職員が大学の研究員となることが決まり、その後任に、その彼の推薦もあり九州大学大学院の後輩で福岡県の公立高校の現職教諭が四月から正職員として勤務することになった。

二月に入ると県から連絡が入り、視聴覚ソフト制作に五〇万円の補助金が出ることになった。この補助金で郷土の姿を映像で紹介し、普段住民が気付かない町内の魅力を引き出し、施設と町民の距離を埋めようと考えた。この考えは緒方町時代の経験に基づくもので、郷土の歴史や自然を紹介した映像は当然そこに住む町民にとってもきわめて関心が高く、将来も長い期間にわたって支持されることから、ビデオ作成には少なすぎる金額ではあったが制作に踏み切った。その代わり、地元スタッフでできることは可能なかぎり行ってお金を節約し、プロにしかできない作業、たとえば音声テープに特殊な記号を焼き付けるといった技術や効果音などは東京の制作会社に依頼した。つまり、東京―森山間をプロの人に行き来してもらうとそれだけ余分に交通費がかかるので、最悪の場合差し替えのきく地元の映像撮影はわれわれが行ったのである。

連日深夜までの作業となり、東京の制作会社と調整してでき上がった作品は地元において評価の高いものとなった。また、こうしてでき上がった作品は非常に珍しいケースでもあったので、補助金を出してくれた長崎県から制作過程の報告と完成品の披露をしてほしいという依頼があった。一ヶ月後に、県下から集まった市町村職員の前で約一時間の報告をした。さらに、長崎県代表として滋賀県で開かれた「水と土の基金指導者」の全国大会で発表することにもなった。ちなみに、この補助金は農水省関係のものであったが、内容が合致して図書館においても適用されたのである。図書館イコール文部科学省という発想を変えることができたら、補助金の枠が広がる要素はまだまだあると思われる。ちなみに、一本目の映像ソフトのでき栄えがよかったことから町側も理解を示し、次年度には七本分の映像ソフト制作の予算を獲得した。

着々と工事が進み、六月には棟上げ式を迎えた。木造建築ということもあって工期が一年半にも及ぶことから、住民への理解と図書館普及という見地から上棟式を兼ねた現地見学会を開催することにした。開館後のサービスが予想できるようなイベントを計画したり、上棟式も、森山町に古くから伝わるしきたりに則った装飾を古老たちによって忠実に再現することにした。農業団体から餅撒きの協力が得られたり、学校からはタイムカプセルに入れるための図画や作文の提供という協力があった。また、この式典に合わせてシンボルマークの公募も行った。

上棟式当日はあいにくの土砂降りとなったが、数百人にも上る参加者を得て大盛況のもとに始まった。この図書館の設計に携わった当時の長崎総合科学大学学長の石野治氏が「この建物の柱に頬擦りをして、末長く使っていただければ設計者として何も言うことはありません」と挨拶された言葉が集まった町民の感動を呼び、想像以上に図書館との距離が縮まって、和やかな雰囲気の式典となった。また、上棟式を公開したおかげか、それ以後住民の反応がよくなり、確かな手ごたえを感じるようになった。本の寄贈の申し出や、野菜、果物、海の幸などが準備室に届いたり、町で声をかけられるようにもなった。

上棟式から三ヶ月後の現場では、四万枚の瓦が屋根に乗せられて大屋根が姿を現した。以後、建設工事の進行が早くなり、打ち合わせの内容は内装のことが中心となった。家具も木製が基本であり、一つ一つの機能を考えた設計となった。設計者の「本を枕に寝れるような空間」という言葉をヒントに、掘りごたつ風の空間も用意した。什器《じゅうき》も、設計によりどんなものでもつくられるという当たり前のことに気が付かされた。たとえば、入り口部分のコーナーの間仕切りと新聞収納棚を一つの家具にまとめた上で本来の二つの機能としても使用できる工夫や、会議用テーブルの下の部分を特大の図面の収納棚に使用できる工夫など、オリジナルな家具ができることに驚かされた。設計者はこちらの注文に可能なかぎりこたえてくれたが、こちら側のアイデア不足と完成後のイメージがつかめなかったため、残念ながらその時点での判断で家具がつくられた。

森山町立図書館の上棟式の準備（前日）

上棟式を町民と祝う

開館を半年後に控えた九月、どうしても職員増の必要を感じたので町長に直談判したら、現職の公務員であればよいという回答が得られた。その夜、これまでに出会った中で私のイメージに最適の人材である東京都下の市立図書館のFさんに電話をして、森山町に来てくれるようにお願いをした。三日後、Fさんより承諾の返事をもらい、早速町長に会ってもらった。町長も職員として採用することを了承し、一一月一日付けの採用が決まった。

Fさんは、私がすべてを任せられる人であった。東京の知人から「すごく仕事をする人」という評判を聞いてはいたが、ここまで仕事をするとは思わなかった。私が夜一〇時まで仕事をすると深夜一時まで仕事をしていたし、正月も休日も仕事をしていた。

開館の四ヶ月前に新しいメンバーが加わったことで、選書の役割分担を変更した。Fさん以外の準備室のメンバーは現場の実践から一年以上も離れており、しかも地方に居住しているということもあってさまざまな情報収集においてもハンディがあった。前月まで東京において利用者と向き合って仕事をしていた感覚をFさんに早速発揮していただき、森山町の図書館の資料群の形成に取り組んでもらったのである。

Fさんが着任して一ヶ月後の一二月には建物がほぼ完成し、最終調整の段階へと入った。制作していた映像ソフトも、最後の七本目の撮影を終えようとしていた。映像ソフトは視聴覚室で放映するためのもので、従来の価値観では余分なものと非難されるべきものであるが、先にも述べたように、これからの森山町での図書館の展開を考えると必要不可欠のものであるという確信をもっていた。図書館の設置率のきわめて低い農村部に位置する森山町に図書館を浸透させるのには郷土の映像は効果的であり、図書館への愛着が増すと考えてのことだった。これらを制作するため、四月から数ヶ月間にわたって海、山、池、湿地、集落、祭りなどの調査を数十回単位で実施した。そして、これらの映像づくりで調査した事項などをカードに記入して、ビデオだけでなく図書館の資料としても活用ができるようにと考えていた。

これらは主に、自然科学系が高校の理科教諭経験のあるMさん、人文系が歴史系博物館勤務の経験のあるNさんと学芸員のSさんが担当した。編集作業は、スタジオに出向いてテロップの確認の上、ビデオテープからレーザーディスクへの焼付けなどを

建物完成

経て完成した。また、町内を五〇〇メートル四方のメッシュで七〇に区分して、それぞれのエリアごとに情報を収集したカードの総数は三〇〇〇枚近くになっていた。

年が明けて一九九六年の一月、急に慌ただしくなった。一月末に建物が引き渡され、その一ヶ月半後の三月二四日に開館と決まったのである。二月一日から図書館に移っての作業となったが、新しい建物で仕事を始める喜びも開館までのスケジュールにかき消された。什器《じゅうき》や備品だけでも膨大な量になるだけでなく、それらに整理収納される本やビデオ、地図などの資料が数万点以上になる上に、それを利用されやすいように展示するのには相当の人手を要するのである。開館までの毎日のスケジュール表を作成して日々のやるべきことを整理して仕事を始めたが、所詮計画は机上のものであり、アクシデントにも見舞われて思い通りにはなかなか進まなかった。しかし、絶対時間の不足という厳しい状況の中で、長崎県下の図書館員や図書館づくりの運動を進める人々がボランティアで応援に駆けつけてくれたことが我々を元気づけた。

この引っ越しから開館までの間は、毎日午前二時、三時の帰宅となった。寝ぼけ眼になりながら仕事を続けた。もちろん、全職員が同じ状態であったが、誰一人として不平を言う者はいなかった。「いい仕事をしたい」というスタッフ全員の気持ちが、困難な状況を切り開いていった。コンピュータへの事前の利用者登録を二日間徹夜でやり遂げる者、什器の遅れから配架作業を徹夜でやり遂げる者、開館記念の特別展示の装飾をわずかな時間に仕上げる者、深夜に及ぶ映像ソフトの調整をする者など、みんなの頑張りで常識では考えられない厳しい仕事を見事に完成させたのであった。

そして、職員の熱意に支えられて開館前日を迎えた。設備、備品などの準備は形式的にはすべて整ったのではあるが、猛スピードゆえに肝心の事前のテスト、リハーサル的なものに取り組むだけの時間がないという綱渡りの開館となってしまった。

三月二四日の午前九時三〇分に始まった開館式には、町長、町議会議長、学校代表の子どもたちがテープカットを行い、午前一〇時に森山町立図書館は開館した。普通の開館式では来賓を案内して次に一般の方の入場という順序となるが、この日はテープカットと同時に子どもたちが先を争っての入館となってしまった。それだけ開館を待ち望んでいてくれたわけで、改めて「開館した」という確かな手ごたえを感じた。ちなみにこの日のことは、九州地区のニュースとしてNHKテレビでも紹介された。

コンピュータ操作が不慣れなこともあって、利用者登録をする人の長蛇の列がカウンターにでき、初日から職員は汗だくでの応対となった。昼すぎには貸出し冊数が五〇〇冊を超え、最終的には一四六七冊の貸出しとなった。目標にしていた一五〇〇冊にはわずかに届かなかったが、人口約六二〇〇人（当時）という町でその二〇パーセントを超える貸出し冊数を開館の日に記録したのである。

それ以降も勢いは止まらず、開館してから一週間で貸出し冊数は人口数を超え、一ヶ月でその三倍の貸出し冊数となった。また、図書館を取材していた地元紙が町外への貸出しも可能と報道していたこともあって、町外者の利用が増加し始めた。隣接する諫早市をはじめとして、長崎市、大村市からも利用者が押し寄せてきた。一〇〇台が駐車可能な駐車場も、土曜日と日曜日にはいっぱいになるというほどの盛況ぶりとなった。マスコミ関係者も、地元放送局、新聞社、東京のテレビ局、ミニコミ誌などが何度となく取材に来て、長崎県下において「図書館の町」として知られるようになった。また、北海道から沖縄に至るまで全国の自治体関係者の視察が相次ぎ、一〇〇〇枚の名刺が一年間でなくなってしまうほどであった。またそれ以外にも宮内庁、評論家、知事、ジャーナリスト、大学教授、出版社の社長というさまざまなジャンルの人、さらに図書館づくり運動の団体や住民運動の団体も多数来館した。

翌年の一月五日の最初の開館日には二五〇〇冊を超える貸出しがあり、一日の最高記録となった。そして三月、開館一周年の記念としてピカソやシャガール、葛飾北斎などを集めて「世界の名画展」を開催したところ、わずか二週間で約一万五〇〇〇人もの人々が図書館に押し寄せた。これは、長崎県の人口の約一パーセントに相当する人数である。この企画を契機として、以後さまざまな催し物に取り組み始めることにした。

一九九七年三月三一日で年度が終了したが、一九九六年度の人口一人当たりの貸出し冊数は約三八冊で、町外利用者も含んでいるとはいえ日本一の数字となった。巨費を投じて建設された施設であるだけに、一応の成果を提示できたこと、またそれが住民の方々に認められたという実感も得られて安堵した。

新しい年度に入っても利用者の数は変わらず、町外からの利用者もますます増えてきたが、それだけに賛否両論にわたる多くの評価をいただくこととなった。

図書館を開設した立場の方から言えば、他の市町村からも来てくれるような空間づくりを目指してきたわけであるからまさしく狙いが的中したわけである。それでは、なぜ利用の多い図書館となったのか、私なりの多少主観的な見解を述べると、国内外の図書館の視察や自分自身の図書館での経験を踏まえたこだわりの追求と言える。このこだわりは、従来の定説とされていた図書館界の考え方や図書館研究者とも対立するものではあったが、それらの点を十分に承知しつつもあえてこだわった。

まずその第一は、スタッフへのこだわり

企画展。ピカソなどの名画を展示したら15,000人もの人が押し寄せた

である。自然科学系出身者の視点の導入がすべてを語るものであるが、これはそれまでの図書館での脆弱な分野への配慮を含めた対応を考えてのものだった。図書館があらゆるジャンルの資料を保有する以上、職員の専門分野まで配慮した集団を形成して当然である。第二は選書へのこだわりである。コンビニ型図書館ではなく、百貨店型の図書館を目指した。単に便利さを求めるのではなく、利用者の成長とともに図書館の成長も意識した蔵書になるよう心掛けた。そして、第三は空間へのこだわりである。人、本、モノの出会いにより、それぞれの機能のもつ力が相乗効果を高めていく空間づくりを目指した。つまり、本と人を結ぶ図書館の基本的機能に加え、人と人を結ぶ公民館や人とモノを結ぶ博物館の機能を図書館の中に確保したのである。とはいえ、これらの試みを十分検証しないまま、一九九七年秋、また滋賀県で新しい図書館づくりをする事態となった。

森山町では、私を採用した橋村松太郎町長が県議会議員に転身し、私と公私にわたって親交のあった田中克史氏が新町長に就任した。その新町長には大変申し訳ないことをしたが、プライベートな事情も手伝って、町長就任の翌日に辞表を提出することになった。慰留をされたが、結局辞表は受理され、一二月三一日午後六時、森山町の職員としての職務を終えた。ゆっくりと館内を一周した後、城下正美教育次長に鍵を渡して図書館を去った。そして、その夜の七時発の有明フェリーに乗るために島原半島の国見町まで車で向かった。これが、次の任地である滋賀県愛知川町への旅の始まりであった。

第4章

愛知川《えちがわ》町での図書館づくり

愛知川町立図書館の全景

計画から実施に向けて

一九九七年一二月八日、私は彦根市に近い滋賀県愛知川町の役場の応接室にいた。次の年の正月から図書館開設準備室に赴任することはすでに決定済みで、その挨拶のために訪れたのである。(1)その二週間前には、長崎県の森山町の田中町長と愛知川町の平元町長との間で私の割愛人事は合意されており、住居や生活関連の準備を兼ねての訪問であった。転勤でもない移動は何かと雑事が多く、手間がかかるのである。生活環境の変化は仕事にも大きく影響を与え、とりわけ温暖な九州地方で育った私には、寒冷地手当てが支給されるという事実を聞いただけでも驚きであり不安でもあった。そして何よりも、新図書館として最低限の条件をクリアして、町がそのための整備をしてくれるかどうかが最大の不安の種であった。しかし、役場訪問の際に町の前向きな姿勢をこの目で見て、その不安は一挙に解消された。

一九九八年一月一日付けで愛知川町役場の職員となった。肩書きは図書館開設準備室長である。これまでの赴任時に比べてガラス張りとなった条件提示にむしろ驚かされたが、それは堅実に物事を進めていこうとするこの町の姿勢として理解できた。

一月四日の初出勤の日、教育長室に辿り着くまでがまた驚きの連続であった。教育委員会の事務局に入るのに靴を脱ぎ、さらに教育長室に入室する際にさらに上履きを脱ぐように言われたのである。早速、土足解禁へのハードルをどう乗り切るかという課題を突きつけられた思いであった。図書館では敷居を低くすることが求められており、物理的な段差はもちろん、靴を脱ぐという手間さえ利用を遠ざける。九州の山奥の過疎地である緒方町でさえすでに三〇年前には土足解禁となっていたのに、この地でこれから新しく図書館をつくるにあたってまた一《いち》から説明せねばならないのかとプレッシャーを強く感じた初出勤であった。

最初に手がけた仕事は、長期、短期にわたる開館までのタイムスケジュールを提示して、図書館創設に向けて私を受け入れてくれた県立図書館や愛知川町のみなさんに安心感をもってもらうことであった。まず、一月から三月までの作業日程を提示した。これには、三月末までに図書館建設の計画書案を作成することと、職員の採用および予算案の作成を行うことを明記した。とにかく、三月までの間に仕事を軌道に乗せることが急務であった。

計画書のもつ意味の大きさは、森山町のときの経験から痛いほど理解していた。計画された案がさまざまな機関決定を経て審議され、町の意思として決定されていくのを確認しながら計画書づくりを進めた。役場内の企画会議、図書館建設検討協議会、教育委員会の審議を経て、議会へ

(1) 他の自治体から依頼を受けて、ある職員が在籍自治体から依頼先の自治体に移籍する人事異動のこと。通常は、退職金および年金も移籍先の自治体に引き継がれ、身分も保障される。もちろん、その職員は移籍先の退職年限まで勤務できる。

の報告を終えて計画書は完成した。四三ページに及ぶ計画書には、蔵書計画、職員計画、収集方針、運営計画などをはじめとして、建築スケジュールまでの可能なかぎり詳細な数値を記述した。

この計画書が認知されたことで愛知川町立図書館のイメージを描くことができ、またそれが現実のものになった。わずか二ヶ月という短期間での計画書作成作業であったが、内容的には十分満足のいくものであった。三月末には図書館建設のための予算が議決され、職員も司書としてとりあえず一人だけだが専門職として採用も決定し、計画を実行する段階へと移った。

新年度を迎えた準備室はこれで二人体制となった。そして、二年七ヶ月後のオープンに向けて新年度の仕事に二人で着手した。一九九八年度は、図書購入と基本設計、造成工事、第二次職員採用が主たる仕事となった。これらのうちでもっとも難航したのが、基本設計に携わる設計者の選考であった。これまで設計者選考は入札とされており、設計業者が図書館設計計画案を提案して、審査をした結果すぐれた案を採用するというプロポーザル方式は愛知川町では初めての試みであった。

そしてこの方式で、五社の業者の中から一社が設計者選考委員会によって選定された。設計者は図書館建設の実績をもっており、図書館建設への「こだわり」も相当なものであった。準備室サイドとしては、最初に図書館建設の基本的な考えを示して地域のことを深く知っていただくようにお願いをした。つまり、具体的な設計に移る前に町の調査に力点を置いたわけである。愛知川町の家並み、気候、建設地付近の交通事故の現場、過去の災害、土壌、福祉計画、社会教育施設、人口動態、都市計画などのデータの収集を行い、その次には図書館が開館した後に利用が予測される団体へのヒアリング作業にとりかかった。子育てサークル、史談会、朗読ボランティア、手話サークル、読書会、在住ブラジル人グループなどの代表者宅に出向いて、図書館に対する要望の聞き取り調査を実施した。そして、これらの調査結果を踏まえた計画素案を建設検討協議会で論議した上で、基本設計の作業を進めた。

一〇月には基本設計が終了し、建設検討協議会の承認を得て実施設計に移った。建物内部の装飾のみならず、備品、書架、机、椅子、照明、視聴覚設備、壁財、窓の位置、空調、植栽、掲示板、天井材、採光、扉、水道、井戸、便器、床材、排水、池などに至るまで、設計者と入念な打ち合わせを進めた。かなりの意見の相違が設計者との間であったが、双方が納得するまで議論を繰り返した。議論されたことが図面化され、翌年の一九九九年の三月には実施設計書となった。このころには、開館時点での蔵書予定の半分の選書が終了していた。また、全国公募で募集した新たな職員の採用予定者も決まった。全員が有資格者で、他の図書館での勤務経験のある者であった。これは異例なことであり、しかも司書と学芸員の両方の資格をもつ職員は三人となった。

四月の新年度を迎えて早速建設工事の入札準備にとりかかり、五月には建設業者との契約という運びとなった。契約では翌年の六月末に建物が完成というスケジュールとなり、建設工事と同時進行で残りの選書と家具設計作業および設備計画を進めた。家具設計は、書架、机、案内板、地図架、雑誌架、新聞架、情報掲示板、紙芝居架、ブックトラック、展示小物、図書館カレンダーなど、すべてをオリジナルなものを予定していたので多くの時間を費やすこととなった。しかし、その最中に設計担当者が替わるというアクシデントに見舞われ、準備室としては最大の危機に直面した。事態の収拾に一ヶ月もの時間を要してやきもきしたが、何とか遅れを挽回して当初の作業の流れに乗ることができて安堵した。

　このころから建設現場での工程会議が頻繁に行われ、建設と内部準備に追われる毎日となった。また、発注した二万冊の本が準備室横の八畳二間の和室に届くようになり、さらにその忙しさが増した。準備室は役場の三階にあり、七〇〇箱分にもなる膨大な本をエレベーターで運び上げたのだが、さすがに女性中心の職員には一箱二〇キロ近い本の運搬はかなりの重労働なので、役場の各課からも応援をお願いした。

　運び上げた本をおおよそ分類別に区分けして並べるように指示をしたが、これは図書館が完成したときに書架へスムースに配架するための準備であり、職員が少しでも本に接することで、開館後の調査相談や利用案内のためにも役立つようにという意味も兼ねていた。それを踏まえた上で新規購入の準備を進めたわけだが、前年の購入分との重複や欠落分野に気を配ることが要求され、これもまた困難な仕事となった。

　建物の輪郭が明らかになった一一月下旬に、建設現場を住民に公開する見学会を開催した。多くの出版社の協力を得て雑誌の見本市をはじめ、設計者の説明会、タイムカプセルへのメッセージ投函、建設経過の紹介パネル展、建物模型の展示をしたりして図書館のPRに努めた。これは、建設工程が二年近くもかかることから、住民への中間報告会としての意味合いも含んでいた。

現場見学会を終えるころから工事のスピードが速くなり、日毎に工事が進捗し二〇〇〇年の一月には外観が完成し、内部工事へと仕事の中心が移った。このころから図書館家具の詳細な打ち合わせが頻繁に行われ、最終的な詰めの作業に入っていった。彼岸を迎えたころにはすべての工事が最終局面に入り、完成が目前となった。家具の方も試作品が完成するなど慌ただしくなり、規格の最終決定や色の決定など、実施設計の最終段階に入った。また、新規に施設が建設されるとそれにともなう事務備品なども膨大な量となるわけだが、それらの発注、納入という事務作業をこなすために役場か

見学会のときに展示された建物の模型

らの援軍も得られた。

梅雨の最中の六月三〇日に建物は完成し、町に引き渡された。翌日の七月一日から引っ越し作業が始まったが、まず事務作業のための器具が最初に持ち込まれた。書架などの図書館家具は工場でまだ製作中であり、約一ヶ月遅れの搬入となった。当然、五万冊近い本は、書架が完成し設置された後に役場の保管場所から移送することとなった。

開館までには備品の配置、既存図書の装備、視聴覚設備の配置、図書の分類別配架、ピクトサイン(2)のデザイン決定、書架の見出し付け、コンピュータソフトの整備、雑誌の装備、地域資料の装備、視聴覚資料の装備、地図の装備などさまざまな仕事に追われることとなった。

開館までにとくに配慮した点および設備の特徴を挙げると、次の四点となる。

❶滞在志向型を目指した館内の各コーナー配置と設備に力点を置いた。屋外に三〇〇席、屋内に三〇〇席ほどの椅子を配置し、木陰で読書を楽しめる空間を用意した。

❷フロアーを児童、一般、地域行政、開架書庫の四つのコーナーに区分し、開架書庫には自由に入って本を確認できるようにした。

❸郷土資料などの種類を豊富にした。新聞広告、車のカタログ、中山道の宿場情報、近江鉄道沿線各駅情報、町のこし（地域観察）情報、近隣の博物館・図書館情報、世界各国の大使館資料、各都道府県情報、県下の各自治体情報、水環境情報など、どれも全国の図書館には馴染みのない資料を収集した。これは、地域全体を博物館に見立てるというエコ・ミュージアムの考えに

連動した取り組みの一つである。

❹屋外と室内でさまざまな催しが企画できるように設備をした。たとえば、星空映画会用の屋外スクリーンや屋外ショーウインドー、掘りごたつを用意した畳の間や囲碁・将棋盤などを設備した部屋など。

初雪の積もった一二月一二日一〇時、青木信吉教育長と地元の幼稚園児などによってテープカットが行われ、滋賀県の公共図書館としては三七館目となる愛知川町立図書館はオープンした。足元の悪い中、県内の図書館関係者もたくさん応援に駆けつけてくださった。もちろん、多くの町民の利用があり、館内がごった返したのはいうまでもない。

実は、開館日当日、貸出し冊数が二〇〇〇冊を超えることを目標としていた。この数字は、愛知川町の二分の一の人口でしかなかった森山町の開館日の貸出し数が一四六七冊であったことから目標としたものであった。また、一日の平均貸出し数の目標を一〇〇〇冊とし、手間では町民一人当たり二〇冊の約二二万冊に置いていた。これは、全国でトップ水準となる数値である。し

(2)　湯沸かし室、トイレ、視聴覚室などの室名や電話などの設備の特徴をうまく表現したイラストの標識のこと。漢字などの文字表記に比べて柔らかい印象を与えるだけでなく、文字を読めない子どもや外国人にも理解されるという特性がある。

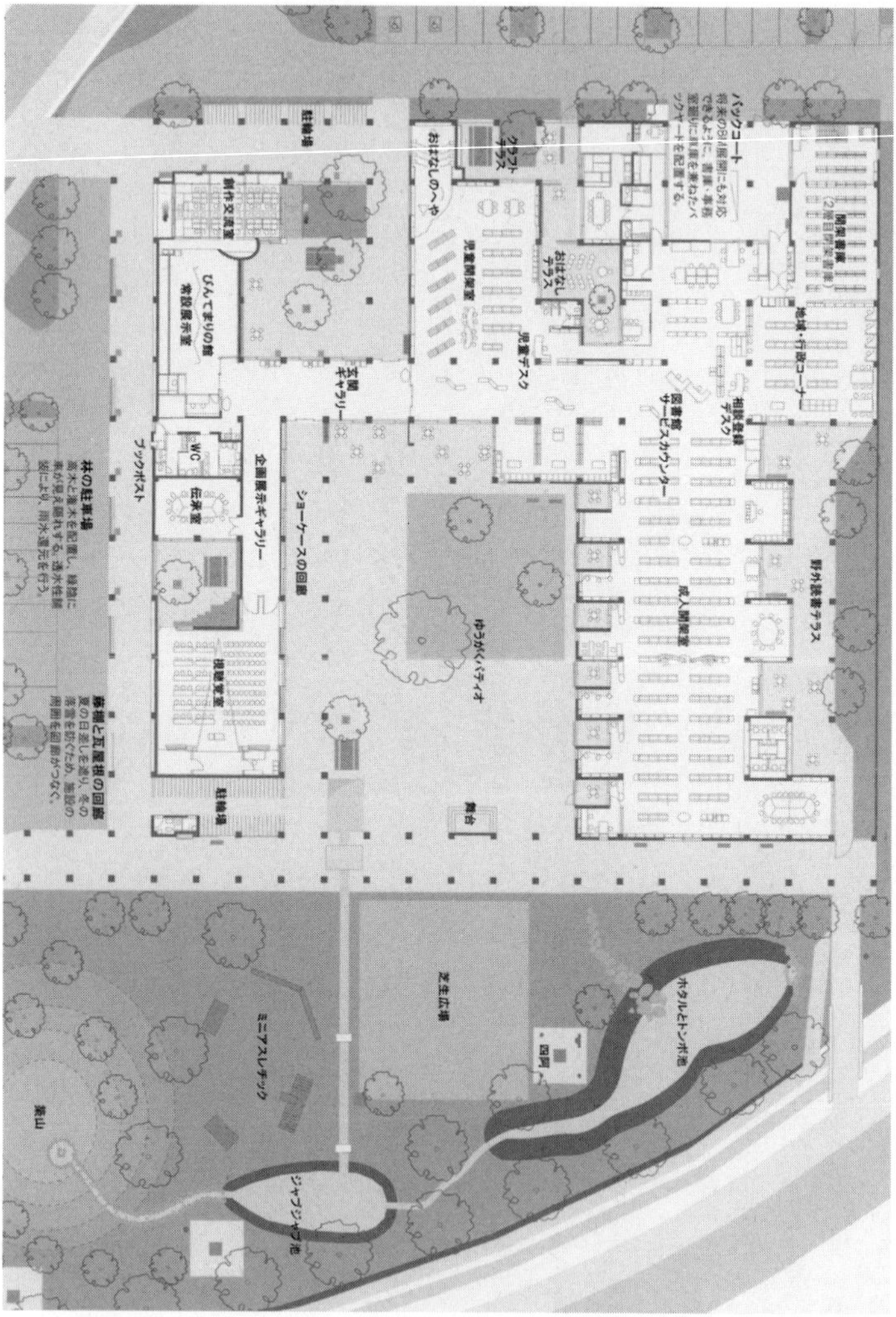

図 3　愛知川町立図書館の見取り図

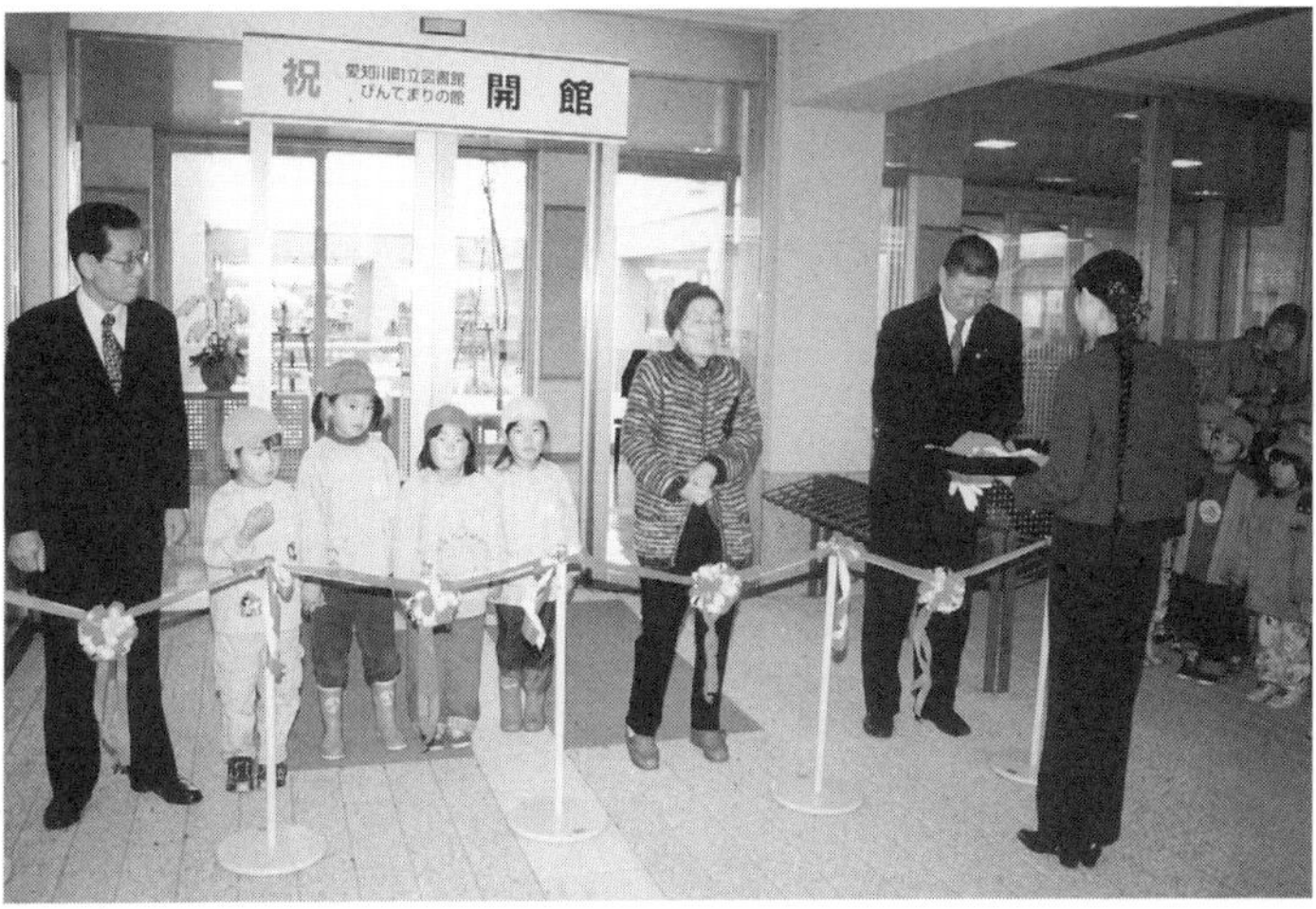

開館日のテープカット

寒い日となった開館日に来てくれた幼稚園児

かし、開館当日の貸出し数は目標値の約半分である一〇九六冊にとどまった。

ハレの日である開館日が、もっとも華やかであり賑やかであるのは当然である。そして通常は、その日をピークとして利用人数も貸出し冊数も減少傾向となっていくのが一般的で当たり前である。しかし、森山町のときも今回の愛知川町のときもそうはならなかった。森山町のときは六ヶ月後に、愛知川町のときには一年後にその数字を超えたのである。

話が多少前後するが、ここで、愛知川町立図書館が開館してから現在までにおいて貸出し冊数が多かった日と、逆に少なかった日を表にして掲載しておく（**表10**、**表11**参照）。表を見ていただければ分かるように、夏休みの初日、正月明けと、なにがしかの行事に絡んだ日に利用数は多くなっている。二〇〇二年の一一月二四日は初めて老人会として施設利用がされた日であり、それまであまり来館されていなかった層が利用した日であった。

多い日、少ない日の動向がつかめれば、当然のごとく的確な対応もとれる。その動向の最大の理由となっている備考欄に記したイベントに関しては次章において詳述することにするが、単に利用者が多いとか少ないだけで一喜一憂することは避けたい。究極的には、住民の誰からも信頼される図書館を築けるかどうかが使命である。貸出し冊数の多いことで注目されているある図書館の職員が、「いくら貸出し冊数を上げたとしても、図書館が着実に役立っているという実感がわいてこない」と言っていた。この言葉も、一面では今の図書館界の複雑な現状を物語っているようにも思える。

表10　利用が多かった日

年　月　日	曜　日	貸出し冊数	備　　　考
2002年7月21日	日曜日	1,404	夏休み初日。「動物園へ行こう展」開催
2002年11月24日	日曜日	1,323	おはなし会。いきいきサロン。映画会開催
2003年6月14日	土曜日	1,268	おはなし会。「美しい日本のむら写真展」開催
2003年6月28日	土曜日	1,268	同上
2003年5月17日	土曜日	1,238	「びわこフォトコンテスト写真展」開催
2003年1月5日	日曜日	1,237	正月明け最初の日
2003年6月22日	日曜日	1,220	「美しい日本のむら写真展」開催
2003年2月9日	日曜日	1,214	「資料で辿る愛知川の歴史展」開催
2003年2月15日	土曜日	1,178	ゲルの組立て。「モンゴル展」開催
2002年6月29日	土曜日	1,161	子ども映画会、ピアノコンサート開催
2003年2月23日	日曜日	1,150	馬頭琴コンサート、「モンゴル展」開催
2002年7月24日	水曜日	1,116	夏休み最初の水曜日。「動物園へ行こう展」開催
2002年9月28日	土曜日	1,115	おはなし会。「渡辺うめ展」開催

表11　利用が少なかった日

年　月　日	曜　日	貸出し冊数	貸出し人数	備　　　考
2001年3月9日	金曜日	210	75	10センチの積雪
2001年5月18日	金曜日	218	70	
2001年1月14日	日曜日	225	81	吹雪、15センチの積雪
2001年3月15日	木曜日	236	68	強風をともなう雨
2001年12月13日	木曜日	256	69	時雨で寒い一日
2001年3月2日	金曜日	272	78	
2001年7月6日	金曜日	291	84	
2001年4月20日	金曜日	294	100	
2001年4月13日	金曜日	297	87	
2001年4月8日	日曜日	300	86	

＊共に調査期間は2000年12月～2003年6月。

ハード面とソフト面をどうするか――三つの図書館開設と運営を通して

大分県、長崎県、滋賀県という小さな自治体での図書館開設にかかわってきた私が自信をもって言えることは、図書館づくりに定型はないということである。また、関係者の成長やその到達点がどこなのかによって大きく状況が変わるということである。三館ともいかに利用される図書館にするかという課題のもとに仕事を進めたが、利用者増につながった点と必ずしもそうでなかった点がある。これらの点を整理して、ハードウエアー面とソフトウエアー面についてここでは述べていきたいと思う。また、これまでに述べてきた理想とする図書館づくりにおけるポイントも、諸般の事情から達成できなかった点があることもお断りしておきたい。

図書館を利用される立場の方々には退屈な記述となると思うが、ここに挙げたことなどをイメージしながらこれから図書館を利用されればまた違った面が見えてきてより楽しく活用できるかとも思うので、辛抱して読み進めていただきたい。

建物の位置と規模

最初に、誰もが建物のことを思い浮かべるだろう。建物はソフト面とも密接に関係しているわけだが、ここではその関係が薄い部分から述べていくことにする。まず、建物の位置をどこにするかである。便利な位置が利用されやすいのは当然であるが、コミュニティーを中心に据えれば必ずしも利便性にこだわることはない。将来的な利用や町の成長を見越すと、一番適しているのは中学校の近くとなる。緒方町、森山町、愛知川町の開設時にもその点は十分検討され、また結果においても最良の立地であったことが開館後確信できた。中学校の立地そのものが地域の中心に据えられていることを考えれば、十分頷けるのではないだろうか。また、学校と図書館の連携を考えてみても、授業時間に来ることができる位置関係というのは重要なポイントとなる。中学生が通える距離、公共交通手段からのアクセス、生活動線上などからも利便性には反することはない。

住民の利用をあまり意識しないで、図書館を町のモニュメント（文化の森）として市街地から離れた場所に建てるケースも見られるが、これらは次第に足が遠のくことになる。図書館は、その時々の首長や建築家の記念物ではないのである。公共施設は利用されてこそ価値があるわけで、利用されづらい要素は極力排除すべきである。また、とくに子どもたちが図書館に安全に辿り着けるかどうかということも重要な要素となる。愛知川町での準備段階では、過去一〇年間の交通事故、火災、自然災害なども調査した上で建物の配置について協議したが、それだけでなく、災害時には緊急避難場所にもなるという意識が必要である。

とはいえ、立地が最良の地であっても公共用地の確保が容易でないことは言うまでもない。また、周辺の環境によっても今後の展開が左右されることになる。たとえば、将来拡張する事態となったときにその対応が可能かどうかも視野に入れなければならないということである。いずれにしても、将来的なビジョンのもとに計画すべき課題である。

次に建物の規模だが、当然、蔵書冊数をどれだけにするかによって違ってくる。一平方メートル当たり一〇〇冊前後の収納が妥当であることを考えれば、五万冊の蔵書を目標とするならば最低五〇〇平方メートルの面積が必要となる。その上、保存機能や図書館が成長することを考え合わせればどうしてもその二倍の面積が要求される。これは、図書館が図書館らしく機能するために最低限必要とされる面積であるが、もし特色ある運営やイベントのことを考えるならばさらにその二割強の面積が必要となる。

開架室に必要な蔵書数÷100×２×1.2＝図書館の必要面積

森山町立図書館の場合は一八九三平方メートルであるが、この方程式によれば「８万冊÷100×２×1.2＝1,920㎡」となってほんの少し狭いわけだが、運営上において大きな障害にはならなかった。また、愛知川町立図書館では、複合施設での共用部分も含めると二六〇〇平方メートルとなっており、これをこの方程式に当てはめると「11万冊÷100×２×1.2＝2,640㎡」となって、今日までの運営に何の支障もなく円滑な活動ができていることを証明している（一三二ページの**図3**を参照）。

一度建物ができてしまうとそう簡単には変更ができないため、開館後の活動のことも考えて、慎重な予測のもとに計画を立てなければならない。滋賀県内の図書館の中には、収容能力の限界を超えた事態となって困窮している図書館もあり、廃棄図書問題や増築問題という課題を抱えている。なお、付け加えて言えば、特別の事情以外は平屋の建物を原則としたい。仮に複数階の複合施設であれば、一階部分に図書館を配置するように心がけたい。

建物のスケールが決まれば、次は基本的な構造をどうするかという問題に移る。天井高、各部屋の位置、窓および進入路、壁材、床材などの一つ一つが運営に密接にかかわる問題であり、どれ一つをとってみても疎かにはできない。建築の専門家とは違う意見かもしれないが、私の経験からこれらの点について現時点における見解を述べることにする。

天井高

数々の図書館建築における条件がある中で、なぜ一番目に天井の高さをもってきたのかと疑問をもつ方も多いことだろう。事実、このような仕事にかかわりをもつまでは天井の高さにあまり関心がなかった。むしろ天井の高さは建物の構造上のことで、ソフトにかかわりなく機械的に設定する程度のものという認識しかもち合わせていなかった。ところが、多くの多様な施設の見学を通して、天井の高さのもつ意味を深く認識させられた。

衝撃的であったのは、博物館内に古民家を移築しようと考えたときに、古民家の屋根の高さに合わせて博物館の天井の高さを設定したという事例に出合ったときである。一九七六年に開館した平塚市博物館では、ソフト面である展示基本構想を踏まえてハード部分である建物の設計および建築にとりかかった。今では当たり前にも思えることだが、二〇年前の当時の私にはソフト優先の建築ということ自体が新鮮であった。その当時、まさしく緒方町では逆の仕事をしており、高さ四メートルの天井の博物館に古民家の屋根部分をカットして館内に移築しようとしていたのであった。

平塚市博物館は、長い準備期間をかけて運営構想や展示構想を練り、それらを踏まえた上で建築設計がされており、建物が完成してから展示計画が始まった施設とは根本的に違っているのである。将来、施設で働くスタッフが建物の機能を考えて建物設計にかかわるのと、図書館現場での仕事の経験のない建築家だけで設計をするのとでは大きな違いが出てくるのは明白である。建物だけが先行すると結局乗り越えられない壁が残り、ソフト部分にも大きな障壁となる。施設の建設を進める過程で最初にソフトを重視し、建物がソフトに従ったという意味で平塚市博物館の取り組みは博物館界にとどまらず自治体の施設造りに大きな影響を与えた。その後に建築され、全国の図書館の手本となった日野市立中央図書館、浦安市立中央図書館も、ソフト面にハード面が従った例といえる。しかも、いずれの館も天井の高さへのこだわりがうかがえるのである。

では、一体どのように天井の高さを考えればよいのであろうか。日本の伝統的な民家の天井の高さは三メートル前後であるが、公共施設の場合はその目的によっても異なるが、実用的な要件以外にゆとりの空間としての高さをもつ必要がある。普段、私たちが分譲マンションや建売住宅を購入する場合、４ＬＤＫ、３ＬＤＫのように面積にはこだわるが天井の高さにはあまり気を遣わない。つまり、部屋の大きさを測る尺度が面積だけとなっており、容積の視点が案外忘れられているのである。当然、コストダウンを考えれば機械的に天井の高さを決めて画一的な建物にすれば効率がよいわけだが、それでは設計とは無縁の規格製品となんら変わらない。生活空間に潤いと安らぎが求められている現在、開放的なイメージ空間づくりの一つの要件となるほど天井の高さは重要な問題となってくる。

これまでの多くの図書館の見学を通して具体的に判断すると、開架室においては八メートル前後の高さが適切であると思う。なぜならば、書架や図書館家具より上のスペースの利用、つまりタペストリーを飾ったり図書館行事にかかわる掲示においても必要であり、開放感に溢れる空間づくりには欠かせない高さである。これ以上の高さであれば冷暖房の熱効率や照明器具の照度や管理の点からも問題があるし、これ以下の天井高となると圧迫感から図書館全体が重苦しい雰囲気となる。

日野市立図書館の開放感のある天井の高さ

開架室以外では、作品を展示するギャラリー空間を設置するようであれば、その場所の高さは三・五～四メートルぐらいが経験的に適切となる。この高さは、比較的大きなサイズの作品を飾ることを前提としている。たとえば、一〇〇号クラスの作品の展示でも十分対応が可能であるばかりか、展示する作品が多く、その間隔に余裕がない場合でも天井が高いことでゆとりある空間を演出することができる。

天井の高さは全体のデザインにも影響を与えるばかりだけでなく躯体工事や各部屋の位置まで関連してくるので、可能なかぎり早い段階で決定する必要がある。図書館の機能性を考えていない天井高の外観デザインがコンペで採用されて致命的な欠陥を露呈した例はこれまでに数多くあり、それ

愛知川町立図書館の展示室（安野光雅展）

が理由で図書館本来の仕事ができなくなったとすればいったい何のために建てたのかということにもなりかねない。つまり、図書館を非日常的な施設として建築家がとらえると住民にとっては大きな悲劇となるということだ。図書館は、建築家のための作品展としてあるわけではない。あくまでも、利用者の利益を考えて公費の捻出をしなければならない。

森山町で仕事をともにした建築家が、「素人目にもアンバランスな構造はどこかに無理があり、見た目も大切である」と言ったが、シンプルな構造は一番無難で問題が少ないものである。超一流の建築家の作品であっても、「美観を重視した結果、完成後に雨漏りで苦しめられた」という現場職員の苦労話もよく耳にする。コンペで審査をする側の力量が問われているのは言うまでもないが、審査の機会が少ないため、その機能性までを見抜くのは不可能というのが現状である。図書館に理解のある建築家を育てる意味からも、施主側からの機能面での説得力ある提案が必要になる。有名無名を問わず、真の建築家はデザイン性にも機能性にも優れた設計ができるものである。選ぶ側も、真贋を見抜く目を今後養っていく必要がある。

森山町や愛知川町では、建物が周辺の景観に馴染むようなデザインになるよう設計者とも十分な協議を重ねた。何度も言うように、図書館は日常の施設であるため特別奇抜なデザインは不要なのである。先にも述べたように、森山町立図書館の棟上げ式で設計者を代表した石野真氏の「この図書館の、この柱に毎日ほお擦りするように末永く愛して下さい」という挨拶に、製作にかかわった関係者すべての気持ちが凝縮されている。そう、「末永く」なのである。

壁材

壁は床とともに広い面積を占めており、内部空間に大きな影響を与える。基本的には、落ち着いた色で目立たないことが求められる。森山町では木造の図書館であったので漆喰壁としたし、愛知川町では壁面に可能なかぎり掲示空間を配したので、その掲示板の色とのバランスを考えて決めた。

また、部屋ごとに壁材を変える必要もある。とくに展示室では、白色系のクロス地で釘やピンが刺せるものが求められるし、視聴覚室の壁は当然吸音効果や音質に影響を与えない工夫が必要となる。森山町では、この視聴覚室の壁を、完全に音を遮断した壁面と、わざと音が少し漏れるような壁材を使用した。外に音が少し流れることで利用者に興味をもってもらい、入りたくなるように配慮したのである。

床材

一九八〇年代に千葉県の浦安市立図書館が床を板張りにして関係者を驚かせたが、最近では多くの所で見かけられようになった。壁と同様に全体を占める面積が広いために、材質、色彩にも十分な検討が望まれる。森山町、愛知川町でも板材を使用したが、足への衝撃を軽減するために板材に工夫を凝らした。とくに愛知川町では、暖かい長崎とは違い、ゾーン化して床暖房や絨毯敷きにするなどの寒さ対策も施した。また、土足にしたことから床が傷むという不安もあったが、それも杞憂に終わり、開館から三年以上が経過しても何ら問題なく床面が保持されている。そして何と言っても、床材の採用にあたっては清掃作業が容易になるように考慮する必要がある。

部屋構成

次に、平面図にあたる部屋構成について述べてみたい。皮肉にも図書館の設計コンペでは、天井の高さだけでなく平面図も軽視されているケースが多い。どうしてこのような事態になるかは不思議であるが、状況を詳しく見てみると、コンペに参加した設計者もコンペ案を選考する側にも図書館の機能が理解できていないということである。平面計画すなわち部屋構成については、図書館の働きをどのように考えるかというイメージなしには設計図は描けないのである（一三二ページの**図3**を参照）。

図書館を構成する各部屋は、図書館の規模や性格によっても違うが、何よりも個々の図書館の理念によって決定されるものである。つまり、どのようなサービスを目指すかによって部屋構成が決まる。また、開館後の活動や日常および非日常業務が構想できないかぎりその設計ができないので、多くの場合、設計者の推測で造られてのちのち現場で後悔するケースが多い。

新しく造る場合、これまでの失敗を含めた図書館界の経験や今後の発展的なビジョンを十分に踏まえた部屋構成を考える必要がある。どこの自治体においても予算が潤沢にあるわけではないので、効率と利便性の追求は当然だが、それ以前に机上の空論だけは避けなければならない。とくに、多目的な空間として利用しようと欲張りすぎると、すべての目的に充足できないという、笑うに笑えない事態を引き起こすことにもなる。

さて、それでは具体的な部屋構成について述べていくことにする。部屋構成は、各部屋の位置と図書館の作業の動線を踏まえたものでなければならない。主な部屋を挙げると、予算執行にともなう庶務や図書受け入れにともなう仕事などの運営全般を司る事務作業系室、貴重な資料や動きが少ない図書を保管する保存系室、コンサートや映画会などを実施する催事系室、自動車図書館の車庫や団体貸出し(3)を支える館外作業系室、本や雑誌が並ぶ図書館の顔である通常利用系室、機械や電気・空調などの建物を裏側で支える保守管理系室の諸室に大別できる。そして、これらの諸室が業務と密接に関係し、機能を発揮できるような構成やつながりが必要となる。

①事務作業系室

ここには、事務室、印刷室、コンピュータ室、荷解き室、職員休憩室、清掃業務員室、ロッカールーム、シャワールーム、AV室、館長室、応接室などが含まれる。図書館の規模が小さくなれば、二～三室ごとに部屋を統合することやワンルームにする方法も考えられるが、基本的な機能は変わらない。肝心な点は、職員が仕事のしやすい環境を整えることであり、本務に集中できるようにすることは言うまでもない。

図書館はデパートの売り場と同様で、お客さんへの対応が何よりにも優先され、開館中は常に臨戦態勢となり、お客さんを待たせないことが図書館の鉄則とされている。このことは、実際に現場で働く関係者以外にはなかなか理解してもらえない。「まえがき」でも記したランガナタン氏も図書館の五原則の中において「図書館利用者の時間を節約せよ」と述べており、何人たりとも無駄な時間の浪費は人生を削るようなものであるため避けなければならない。それだけに、サービスカウンターは図書館の心臓部となり、それを支えるバックヤードの有り様が重要となってくる。

しかしながら、現状では図書館の仕事が自治体内において本当に認知されているとは言いがたい。この点は博物館も同様で、それぞれの評価は、利用者の目が届かないバックヤードの充実度で決まると言っても過言ではない。すなわち、専門職の仕事をさせる意思が自治体にあるかどうかがこの部分に集約されてくるのである。

利用者が普段目にしているのは水面上の氷山の一角であり、水面下を見ることはほとんどない。商売にたとえるならば、売り場に当たるサービスカウンターでお客さんの求めるものを把握して商品を仕入れるわけであるが、その仕入れという最前線を充実することこそバックヤードを充実させ、それが集客増にもつながるのである。この部分が理解されていないことが、すべての図書

(3)　幼稚園、小・中学校、老人ホームなどから依頼を受けて、一定期間大量の本を貸し出すこと。選書は、借りる側が行う。

館で問題となっている一番の理由のように思える。利用者の要望にこたえる姿勢を貫こうとすると最前線のサービスカウンター（売り場）でお客さんと向き合うことは自然なことであり、それがゆえに利用者の要求（消費者ニーズ）を的確に把握することができるのである。

利用者や第三者に見えづらいところは、利用者からの要求を把握すると同時に要求の実現に向けた仕事をこなしていることである。そのため、当然、予算管理、流通事情、本の検索手段、本の修復術、分類の知識、地域理解、接客術、学際的な知識がなければ利用者への真のサービスは不可能となり、それらに迅速に対応することを可能とする事務系諸室が求められるのは当然のことである。それでは、それぞれの部屋について簡単に述べておこう。

印刷室——大阪の豊能町立図書館が、驚異的な貸出し冊数を示して（一九八六年度日本一）図書館界の注目を集めた。一九九九年に同図書館を訪れて、そこで制作されている印刷物を見て印刷機の利用率の高さを実感した。フル稼動している印刷機は、図書館がフル稼動している証でもある。チラシなどをつくって図書館の活動を利用客に対して宣伝したり、職員の人たちが実際に印刷機を利用している姿を目の当たりにしてその役割を改めて強く認識した。図書館の活動が豊富であるがゆえに、それに基づく広報活動も充実している。広報活動が図書館の機関車となり、図書館の成長を支え、さらに新たな利用者を開拓するのである。また、各種の紙の保管からも専用の部屋を是非備えたい。

これまで図書館では、パンフレットやチラシの印刷をすることがあまり重要とされてこなかったが、これからの活動およびより多くの方々に利用してもらうためには、当然のことながら広報部門においても十分に力を注がなければならない。すべての図書館で、より魅力的なパンフレットやチラシづくりが望まれる。

コンピュータ室——近年のコンピュータのスリム化によって特別な部屋は不要のようにも思えるが、仕事の流れから言えば独立した空間が欲しい。予算の差し引きの処理、インターネットの検索、各図書館のアクセスなどの利用頻度や利便性を考えれば、各端末を除いてプリンターなどの機器および用紙の収容は三畳ぐらいの空間があれば十分と思われるので、一部屋にまとめた方がよいと思われる。

また、コンピュータに関していえば、機械のグレードアップのスピードに十分な対応ができていないという実情もある。中学校区を基礎に置く図書館と大規模図書館とではソフトもハードも違うが、基本的には蔵書の検索、貸出し返却、書誌データ検索、発注管理、利用統計などのソフトがパッケージ化されており、全国に導入実績が三〇館以上あれば細部にこだわる必要はない。要は、使いやすく安価なものであれば十分である。

ただ、コンピュータ導入にあたっては、最低六ヶ月以上の時間が必要であることを念頭に置いておかなければならない。つまり、諸準備に要する時間がかなりかかるということである。本の装備だけをとっても、バーコードの仕様やマークと呼ばれる書誌データの決定も絡んでくるし、同時進行でさまざまな図書館独自の準備にも多くの時間を費やすことになる。館内の配線工事まで含めると、実施設計の段階で大まかな計画を立てることからその準備は始まることになる。

荷解き室――ここは、一時的に荷物を保管したり、梱包を解いて棚に収めるまでの部屋であるが、ここでの作業は、現場で実際に仕事をした経験がない人にはその必要性が分からないと思う。突然、到着する大量の荷物。それがすぐに処理できなければ、たちまち荷物の山となってパニックとなる。広めの空間が必要であるが、事務室との共用でも問題はない。ただ、次から次に送られてくる見計らい図書や注文した本の入ったダンボール箱に埋め尽くされることを覚悟しておかなければならない。

検収（納品検査）や選定作業が即座にできないことの大変さが理解されないと、現場サイドは大変苦労することになる。近年は本を輸送してきたダンボールの処分までに手間がかかるために検収の仕事が滞ることもあり、一時的な保管場所としても荷解き室は必要であろう。もちろん、駐車場からトラックが横付けできて、風雨に影響されない屋根つきの搬出入口であることが望ましい。

職員休憩室――日本では、多くの職場において事務室兼食堂兼休憩室というケースが見受けられ、その劣悪な職場環境の改善が望まれている（もちろん、きちんと区別されている会社も多いが）。仕事と休息の区別をするためにも、休憩室は是非とも必要である。とくに図書館は、開館中においては職員の昼休みの時間がまちまちとなり、一一時から二時近くまでの間を利用して交代で休憩をとる場合が多いので、休憩が事務室となると働いている人の前で休憩をすることになり、ゆっくりと休むことができない。贅沢でなくても、独立した空間が望まれる。

清掃業務員室――職員が清掃作業をすれば部屋としては不要であるが、一〇〇〇平方メートルを超す図書館の規模では専門の清掃作業員に頼らざるを得ない。長時間にわたる清掃は重労働であり、清掃員の健康管理の面からも、机や椅子、ロッカーおよび湯沸かし器などの設備が必要である。

AV室――カメラ、ビデオ、コピースタンド、テレビなどの保管やダビング、録画などの仕事にも対応できるように一ヶ所にまとめておく必要がある。

館長室および応接室――図書館は、気軽に利用できることから利用者以外の来訪者も多く、自治体の視察や図書館づくりの会、さらには研究者などが見学する機会が多い。少人数の来客者、利用者との相談、マスコミ関係者との対応、講師との打ち合わせなどに必要な空間として、是非応接室は用意したい。本やダンボールが山積みされた事務室ではお客さんにも失礼となるし、人との出会いこそが重要であることを考えれば決して疎かにはできない。

シャワールーム――外部の人々から見れば、本に囲まれたきれいな職場での軽作業に見えるかもしれないが、本を書架に並べるのは結構重労働である。また、寄贈される古書やトラック便で送られてくる荷物は決してきれいでも軽くもない。それらを収納したり処理することがわれわれ図書館員の仕事であるわけだが、このような仕事が長時間にわたって繰り広げられることを考えればシャワールームも是非欲しい設備となる。

②保存系諸室

ここには、閉架書庫、開架書庫、書庫作業室、貴重本保管室などが含まれる。これらの配置の仕方は、どのような図書館を目指すかによって見解が分かれるところだが、可能なかぎり直接本を手に取って確認したいと思うのが利用者の心情である。

大学院時代に国立国会図書館へ資料を探しに行ったときは、タイトルで検索して申請用紙に記入した上閲覧をするというシステムであったが、その際、職員に何度も用紙を渡して閲覧を希望するという繰り返し作業を余儀なくされた。結局、読みたい本には出合えず一日を無駄にした苦い経験があったので、愛知川町では可能なかぎり現物を開架書庫において公開して利用者

成人開架庫の横にある和室の読書室（愛知川町立図書館）

が選べるシステムを導入した。

成人開架書庫における書架の高さは車椅子を利用している方が届くところを限度とし、児童開架書庫は子どもの身長に合わせたものであることは言うまでもない。また、素材は柔らかく温かい雰囲気を演出することから「木材に勝るものはない」と考える。さらに見通しをよくするために背板の除去や、角をなくすために曲線的な細工も当然のこととして工夫されるべきである。そして、各コーナーの配置も、利用者が居心地の良い空間となるようさまざまな利用予測をしながら慎重に検討すべきである。

閉架書庫は、少なくとも蔵書数が多ければ多いほど魅力的な図書館であることに変わりはないため、可能なかぎり収容力を最優先に考えた工夫をすべきである。利用の促進を考えた一般書架とは違い、新書や文庫などのように規格や形態別に合わせた効率的な収納も意識しなければならない。また、「集密書架」と呼ばれる移動式の書架を設置することも収容能力を高めるためには効果的である。

書庫作業室は、開架書庫や閉架書庫に近い場所が便利であり、寄贈本、新刊見計らい本、古くなった図書などの装備、再装備、分類、補修を行う部屋であり、裏方での作業ではあるが大変重要な仕事である。また、貴重な郷土資料を保有する図書館では、その多くが古く傷みやすいため、他の図書と区別して、温湿度や虫害などから守るためにもそれらの対策を施した桐づくりの保管庫を準備すべきである。

③催事系諸室

ここには、視聴覚室、ギャラリー、集会室、おはなし室などが含まれる。一〇〇〇平方メートル以下の小さな図書館の場合、これらを独立室として用意すると全体の部屋構成にも影響を与えることになり、一歩間違えるとすべての部屋を削る事態にもなる。催事での利用頻度を考えれば、共用を想定した各部屋の設置とするべきである。ただ、それぞれの機能が発揮できることが肝心であって、部屋の表示を換えるだけでは解決にならないという細かな配慮が必要である。残念ながら、細やかな配慮が足りずに各使途の目的に合致していない不完全な設備をよく目にする。

視聴覚室には、映画会用のスクリーン、ビデオプロジェクター、一六ミリ映写機、スライド映写機、実物投影機、テレビ放送（BS・C

映画会、講演会を行う視聴覚室（愛知川町立図書館）

S・ハイビジョン）、音響設備などを備える必要がある。これらは、一つのシステムとして設計してコンパクトにするのが望ましい。室内の吸音効果を狙うあまりに有孔ボードで壁を覆い尽くして、展示空間としては不適切な空間にした苦い経験がある。これらに工夫を加えて、吸音性を保ちつつ壁の最後の表面に展示室仕様のクロス地を張ることなどの解決策も、現場の目的に応じて考えるべきである。いずれにしても、どの図書館においても視聴覚室に高額な金額を投資したわりには施設内でもっとも利用頻度の低い空間となっているケースが多い。この部屋の利用頻度の高さこそが館全体の利用率にも比例していることを肝に銘じておきたい。

展示室は、将来どのような展覧会をするかというアイデアによって決定づけられるが、悲しいことに、計画段階では展覧会の構想が具体的なイメージとして浮かばないのである。何故ならば、開館後の職員の力量がどうなのか、また利用する住民の要求によってさまざまな構想や企画が生まれてくるからである。この空間に関しては、図書館というよりは博物館や美術館関係者の実践に学ぶ必要がある。

「いい空間はいい作品を呼び、さらには人を呼ぶ」。これは、これまでにさまざまな展示空間の制作にかかわってきた私の実感である。作品を出展する作家の側からすれば展示空間も作品の一部であり、またその点に関してかなりのこだわりをもっているので、設計する際に細やかな配慮が必要となる。ただ単に空間があればよい、というものではないことを忘れてはならない。

④館外利用系諸室

ここには、利用者のための駐車スペースや駐輪スペース、そして倉庫などが含まれる。サービス区域や敷地面積によって大きく専有面積が異なるが、移動図書館車の保管などのことも考えて十分な駐車スペースの確保が必要である。また、開館前に訪れた人が待つための椅子やベンチ、トイレなども是非必要と思われる。これらは、休館日に訪れた人にとっても便利なものであり、安心感も与える。

窓および進入路

窓とか進入路といったものは、その取り方によって建物のイメージを大きく変えてしまうので、細やかな配慮が必要となる。窓は、省エネルギーということも意識して、自然光を極力取り入れるようにした方がよいが、本が並ぶ通常の開架室では紫外線から資料を保護したり退色を防ぐという手立てが必要となる。四季によって変わる日射しの長さなどを想定し、また借景なども意識しつつ高さ、位置、大きさなどを決めなければならない。

進入路および玄関は、利用者が図書館に訪れたときにまず最初に目にするところなので、引き込まれそうな魅力溢れる空間をつくらなければならない。玄関は建物の中央にあることがやはり望まれるし、もちろん段差がなく、東西南北のどこからでも入ってこられるような進入経路のあることが望まれる。そういう配慮をしてつくっていくということは、もちろん、開館後の利用頻度にも影響を与えることになる（第4章トビラ写真を参照）。

また、これらの配慮は単に敷地内にとどまらない。森山町でもそうだったが、愛知川町でのとき、敷地の周りに立っている電信柱にまで配慮をした。といっても、もちろん電力会社の持ち物であるため、勝手にこちらの方で抜いたり色を変えたりすることはできない。図書館の完成予想図を持って電力会社の事務所に行き、「こんなに美しい景観の公共図書館をつくるのに、今ある電信柱ではその景観が損なわれるではないか、できることなら色およびデザインなどを替えていただけないか」と迫ったのである。当然、最初は「聞く耳もたず」であったが、時間をかけて説明し繰り返し説得していったら何とか上層部の方の了解がとれ、電線の迂回や地下への埋設、また残ったものも美化柱に替えていただくことができた。「成せば成る」と、改めて思った次第である。

費用

さて、このような図書館をつくるのに一体どのくらいの建設経費が必要なのかということになるが、建築単価の目安は、一平方メートル当たり、その地域の一般住宅の建築単価に二を掛ければ普通のグレードの図書館ができるとされている。図書館としての必要面積基準がもっとも厳しい大分県の図書館振興策では八〇〇平方メートルをその基準としているので、それに大分県の建築相場をかけて二倍すれば総建築費用が割り出せる。ちなみに、愛知川町立図書館は二〇〇〇年に完成したが、床面積約三〇〇〇平方メートルで約一〇億二〇〇〇万円、森山町立図書館は一九九六年の完成で、約八億一〇〇〇万円の建設費がかかった。

また敷地面積は、都市部と地方で土地事情や交通アクセスの違いがあり一概には言えないが、三〇台以上の駐車スペースは最低限確保したいので、建物面積の二倍以上の敷地面積が必要となる。当然、敷地面積が広くなればなるほど費用が高くなっていくわけだが、それらの費用が高いものになるか安いものになるかは、関係者の取り組み方によって大きく変わっていくことになる。

これまではハード面について述べてきたが、次は職員や選書に代表されるソフトの部分について言及することにする。もちろん、二一世紀の図書館を論じる場合に絶対条件となる図書館行事やそれに基づく住民参加への道ということも重要なソフトであるが、それらのことに関しては第5章において詳しく述べることにする。

職員の採用

当然のことながら、その図書館の良し悪しを決めるのは職員である。よって、図書館を運営する上において職員の採用ということは、もっとも重要な位置を占めることになる。先にも述べたように、森山町と愛知川町の場合では職員の採用の方法が大きく異なっていた。森山町では現職の司書および公立高校の現職教諭の割愛人事（一二五ページの注を参照）による採用が中心であったのに対して、愛知川町では公募形式をとった。これらの方式には、ともに一長一短がある。割愛人事の場合は、実績のある優秀な人材を獲得できる半面情報がかぎられており、狭い範囲からの人選となる。一方、公募形式では、広い範囲から人材を獲得することができるわけだが、応募が殺到して逆に選定が困難になるということもある。いずれにせよ、やる気のある優秀な人材をいかに獲得するかが鍵となる。

職員構成は建築設計と同様で、それぞれの個性や能力が織り成すハーモニーを利用者に提供する必要から多彩な人材が求められる。図書館界にあっては、金太郎飴的な同じタイプの職員で構成を考える傾向が多少あるが、住民サービスを前提として考えれば決して良いことではない。緊張感と学際的な視点を絶えずもち続ける、さまざまなジャンルに精通している職員集団が形成されていくことが望まれる。繰り返しになるが、そうなるとこれまでのような人文系出身者（とくに文学部）中心の司書で固められた図書館では限界が見えてくる。生涯学習の必要性が叫ばれている中でこれからの図書館を考える場合は、とくに採用段階から職員構成を考えた計画を立てる必要がある。すべての分野に真の意味で精通したスーパーマンが図書館の中に飛び込んでくることはあり得ないのである。それだけに、それぞれの分野に精通した人物が望まれる。

ところが悲しいことに、現在の図書館員の中には自分たちこそ本のエキスパートだと思い込んでいる人が多い。ある程度広い知識はあっても、やはり専門教育を受けた人とは所詮土台が違うのである。やはり、プロはプロである。そのプロに近い水準に到達した職員によって運営されてこそ、図書館の社会的地位が高まっていくのではないだろうか。図書館界では、専門職制度の確立を一方で掲げているが、二ヶ月程度のわずかな期間で司書資格が与えられることを考えると矛盾ではないかとも思う。

現実的には多くの問題が山積しているわけだが、職員採用にあっては少なくとも複数の学部出身者から選ぶ視点が必要と思われるし、仮に学歴は問わないまでも豊富な学問体験や学習歴のある人物を最低限雇用するべきである。

また、地方図書館において職員が地元出身者であった場合、その人のイメージが図書館のイメージとなる傾向もある。とくに、田舎であればあるほどその傾向が強い。利用者のほとんどが、その職員の子ども時代からその成績に至るまでを知っているのである。緒方町や森山町でも、就職先の少ない地方がゆえに図書館が大学卒業者の就職場になっていた。中には、中学時代に全校で一、二番という成績の職員もいたが、もちろん逆のケースもある。地元出身の職員は、良し悪しはともかく過去の評価を引きずったまま仕事を続けることになるわけだが、まんざら困ったことばかりではない。利用者との親近感を深めるというコミュニティーの立場からすれば最良の人材であるということも付け加えておく。

いずれにせよ、私が求めている中学校並みの体制を築く上でも、せめて中学校教諭と同じ水準以上の知識を必要とすることが図書館を認知させる早道かもしれない。

最近、愛知川郡内の図書館の臨時司書が募集されたが、その募集要項によれば平均よりも低い賃金設定となっていた。これが世間の評価なのである。滋賀県は専門職の館長や全国公募の専門職のいる自治体であり、図書館の先進県といわれて久しいわけだが、それでいて現状はこうである。ところが、同じ教育系の専門職の臨時雇用の場合は一般事務系職よりも高い賃金設定となっている。賃金に差があれば、優秀な人材確保も容易でない。森山町や愛知川町では、私の管轄する嘱託職員の雇用時に賃金面での待遇改善を人事担当者に対して要求し、一定の理解を得ることができた。そのおかげで、国立大学卒業者を含む優秀な人材を確保することができた。

今の図書館の状態は、学校制度でたとえるならば初期段階となる幼稚園や小学校レベルでしかない。一般的に忘れられているのは、図書館は子どもだけが利用するのではなく、図書館職員の学習歴を越える大人も多く利用しているということである。そのような観点からも、司書の養成制度を含めて抜本的な改革が望まれる。これからは、小学校免許、中学校免許、高校免許という学校教員の資格制度にならって、司書資格の細分化を図ることも必要となってくるだろうし、また各分野の大学院卒業レベルの人が自然に図書館に勤務できる環境を整えていくべきであろう（三三二ページの**表2**を参照）。

これらの人材の確保は、図書館のサービスの有り様を大きく変えてくれることになる。この点を博物館の現場で見事に証明してくれたのが、先に述べた平塚市における博物館の実践である。浜口哲一[4]学芸員をはじめとするスタッフの専門的な仕事に多くの市民が共鳴し、専門職の力を改めて認めたわけである。つまり、図書館と同様に博物館も陳列物の番人としての職員像しか描いていなかった住民に、「これぞ専門職の仕事」という具体的な仕事を見せつけたのである。

従来の博物館といえば社寺の宝物を展示するなどの手法が中心で、宝物がなければ博物館は成り立たないという考えが一般的であった。ところが、平塚市博物館では日常のありふれたタンポポ、石ころ、セミの抜け殻にまで詳細な解説を加えることで、見事に展示資料として仕立て上げていくというプロの仕事を示したのであった。そして、これらの実践が平塚市における博物館の専門職の地位を高めた。

このような博物館の展開は館員の議論から生まれたものであり、自らの智恵と工夫の中から創造的な仕事に取り組んでいった結果である。もちろん、図書館にも創造的に仕事を進めていく余地は多く残されており、オリジナリティのある実践に専門的な角度から取り組むことができる。創造力をもつ感性豊かな人材により、図書館界も魅力のある社会的地位の高い職場に変わることができると思われる。

選書

さて、図書館にとって一番重要な点とされる選書であるが、これがなかなか困難である。以前、東京都三多摩地域の社会教育の関係情報紙に「博物館の展示解説の水準はいかにあるべきか」という論文が掲載されていたが、それによると、三段階の水準で展示解説に工夫を凝らす必要があるという趣旨の主張がなされていた。選書は図書館の命であり、それぞれの見解があることは承知しているが、これまでの経験における個人的な見解を述べれば、この論文の主張を図書館に置き換えた三段階の選書が必要と考えている。つまり、各分野ごとに三段階の水準で構成された蔵書群を考える必要があるということだ。こうした選書をすることで、あらゆるレベルの人が抵抗なく本に出合うことができ、かつ利用者自らの高まりとともにその水準にあった本を求めていくことができる。

このような主張は、目先の利用を優先する立場とは根本的に異なるものである。つまり、回転がよい、利用されやすい賞味期限の短い蔵書を目指すか、息の長い将来的な発展が望める蔵書を目指すかということである。しかし、後者のような将来を見据えた蔵書構成は、よほど各分野に精通していなければ選書は難しい。自分自身の苦い経験からいえば、将来を見据えた選書をしたつもりでも、のちに自分の無知さを思い知らされたこともある。

現在、多くの図書館において、自信の塊のような司書が本のことなら何でも知っているという思い込みで選書をしているのではないだろうか。自分の専門外や関心のないテーマには手が出な

（4）　平塚市博物館学芸員として活躍する傍ら地域型博物館を実践する。主な著書として、『放課後博物館へようこそ——地域と市民を結ぶ博物館』（地人書館、二〇〇〇年）、『生きもの地図が語る街の自然』（岩波書店、一九九八年）などがある。

いはずであり、またいくら優秀でもすべての分野に精通している人などはそういるはずはない。だからこそ、各分野を専門領域とする複数の司書集団が必要なのである。このような集団が形成されないと、人材の欠落した分野においては当然のことながら的外れの偏った選書となることは火を見るよりも明らかである。しかし現在では、司書も利用者もそのことに誰一人として気付いていないのである。これは、双方にとって不幸なことである。

選書が難しいことは現場の司書であれば誰もが認めるところであるが、現実は図書館の開設にあたって本の流通業者が何万冊ものセットを図書館に納入する例さえある。これは、いくら多くの図書館で使われているデータに基づいているものであったとしても自殺行為である。森山町や愛知川町でも、元公立図書館の館長が選んだというリストを業者が持参してきたことがあった。私が不機嫌な対応をすると怪訝そうな顔をしていたが、どうやら先方はその理由すら分からなかったようだ。

こういう事実からしても、大多数の図書館がセット納入に頼っていることがうかがえる。元図書館長の図書館に対する姿勢を疑うとともに、業者に図書館の専門性を否定されたことに大きな衝撃を受けた。業者がもってきた元図書館長のプロフィールを見て思ったのは、著名な都市の図書館長としての勤務経験は認めるところであるが、他の図書館に選書リストをすすめるほどのキャリアがないことは明らかであり、それにもかかわらず、なぜ多くの図書館がそのリストを受け入れているのかということであった。

これが大多数の図書館の実態だとすると、それこそ大問題である。朝霞市や鶴ヶ島市の図書館の開館準備とその後の運営を手掛けた大澤正雄氏も、三多摩地区で開かれた「図書館を考える」という勉強会において、「私が鶴ヶ島に赴任して驚いたのは、業者から送られてきたリストの本を全点買いしていたことでした」というようなことを述べておられた。業者頼みの選書は専門性の放棄につながる。図書館界では住民の選書ツアー(5)を司書の専門性の放棄として問題としているが、その一方で業者の選書へのかかわりについて問題視していないのも不思議な話である。

「君には選書ができない」、「あなたの選書はよい」と、相反することをそれぞれの人に言われ、客観的によいとされる選書をすることは難しいが、やはり選書にあたっては現場の感覚が大事であると考えている。それぞれの図書館においては、地域の実情や諸々の環境にあった創造的な選書をしなければならない。それがゆえに、利用者との響きあう関係も成立する。選書の評価は、ほかの図書館界の権威者がするのではなく、利用する住民がするものである。ましてや、業者が介入する余地などはあり得ない。

さて、具体的な選書となるとそれぞれの規模によって大きく異なるのであるが、本稿では五〜六万冊規模の図書館のケースを想定して、これまでの実践について述べることにする。これはあ

(5)　公募した住民の代表が集団で書店に行き、住民自らが本を選んで図書館の本として購入すること。北海道の図書館がこれを行い、図書館界が糾弾した。

くまでも、中学校区のコミュニティー図書館規模の選書であることを断っておく。森山町や愛知川町も同様な規模であり、開館までに五～六万冊の新規購入図書を買い揃えたわけだが、それぞれに共通した基本的な考えは以下の一〇項目である。

❶いわゆる名作と呼ばれる価値の定まった本の悉皆《しっかい》的購入。
❷地域の基盤となっている産業の関係資料に力点を置く。
❸郷土史、県内関係地図などの郷土に縁のある図書の悉皆的収集。
❹文庫および新書に重点を置く。
❺辞書、事典類を豊富に揃える。
❻四分の一以上を児童書にあてる。
❼実用書に重点を置き、生活に役立つ資料を充実させる。
❽生涯学習の援助のうち、とくに大学の通信教育に役立つ水準の資料群の形成。
❾質量ともに偏りのない蔵書構成の形成。
❿自然科学分野への配慮。

森山町立図書館のときには、職員に生態学、国文学、東洋史、日本史、美術史、教育学、法律学などを大学や大学院で専攻した経験者がいたので、議論や意見交換をしながら選書作業を始めた。最初、職員は全領域に全員がかかわるものだと思っていたらしく、自分のジャンルだけの選書をする方法に戸惑いが隠せなかった。

一九九〇年代の初め、東京都下の図書館で司書がオールマイティに業務を遂行できるようにと数時間ごとに持ち場を移動して交替で応対をしていたが、少なくとも三年以上は担当分野を決めて仕事をしないとその分野の力は着かないと思われる。そうしたことから、是非それぞれの担当エリアを明確にする必要があった。しかも三年間という期限付きではなく、無期限で担当エリアを決めるのである。このように専門分野を深めることが司書の専門性を認知させる第一歩と考えて選書に臨んだのである。そしてまた、それらの上に各分野を横断的に調整する担当者もすえた。何度も言うようだが、このようなバランス感覚が選書には必要と考える。

図書館を立ち上げるときに金額を考慮しないで図書購入をしていくと、予算を早い段階で使ってしまい最後の調整段階で資金が不足することがある。そういう事例を多く見聞きしてきたので、金額面でのコントロールには十分に気を配った。比較的安価な児童書は心配なかったが、一般書の場合は数百円単位から数万円単位までの本があり、配分ミスをすると多すぎたり少なすぎたりするので、準備段階の一年目と二年目では一冊当たりの単価を変えるなどして工夫を凝らした選書を行った。たとえば、一年目には比較的安価な新書、文庫を中心に選び、二年目には高価なレファレンス本といわれる辞典類を購入した。また内容的には、一年目は一五年以上前まで遡ったリストから発注し、二年目は新刊書と、高額がゆえに見送られていた本を発注するという方針を立てた（一一一ページも参照）。

長崎などの大都市から遠く離れた地方では、本の現物を見て購入を決めることがほとんどできない。これは、地方の図書館にとっては悲しい現実である。また、選書ツールも十分でなく、都市に比して過酷な条件のもとでの選書作業となる。それだけに、それぞれの職員の得意分野を生かし、かつ全員の力を結集して欠落部分を補うという形での選書となった。

このようにして選書をした本が書架に並んで開館を迎えるわけだが、業者や権威者にも頼らず、自分たちの考えで図書館にとって重要な選書という仕事が達成できたことは、建物が完成したときよりも嬉しかった。準備にかかわった職員全員の智恵の結昌が書架に花開いたのである。森山町で集められる最高の人材を得たことに加えて、職員の図書に対する謙虚な姿勢が六万冊の素晴らしいハーモニーとなって住民の前に姿を現した。当時の橋村松太郎町長の言葉を借りれば、「知識の蔵」がここに完成を見たのである。

第5章

住民参加を促す図書館行事

児童文学者・福音館書店相談役の松居直氏による講演会

開館後に必要とされること

開館するまではいかに利用率の高い図書館にするかということだけを考えて準備を進めてきたわけだが、当然その姿勢は、開館後においても利用者の要望、要求に沿った形で同じく求められていくことになる。というより、開館後の方がより質の高いものが要求される。ここでは、愛知川町立図書館が開館してから現在に至るまで、どのような工夫をして利用者増を目指してきたかということについて述べてゆきたい。

先にも述べたように、森山町立図書館の開館のときには想像以上の利用者が訪れた。愛知川町での場合もそれを予測をして、多様な要求にこたえられるようにそれぞれの職員の仕事の配分を振り分けた。開館日となった二〇〇〇年一二月一二日、多くの利用者たちがオープン時間前から訪れてくれて、事実大盛況ではあった。役場から出向していた係長も、「スーパー並みの混雑である」と開館時の状況を役場の関係者に報告していたのを覚えている。もちろん、職員も各自の経験や見聞からその状況に十分満足をしていた。

となると、どうやら私一人がその状況に満足をしていなかったようである。というのも、愛知川町は森山町の二倍の人口を有している。にもかかわらず、ここにつくった図書館は森山町の二分の一の面積でしかない。そうなると、森山町と比べれば四倍の盛況さにならなければ同じレベルとは言えないわけである。もちろん、盛況さだけで成功か否かを決めるものでないことは十分に承知している。しかし、改めて考えてみると、図書館準備室のときから接してきた愛知川町民の反応の鈍さがその理由とも思えた。それがゆえか、開館後の利用率も思ったほどは伸びず（全国平均は大きく上回っているが）、その鈍さを「天候や町内の諸行事の影響だ」として理由づけしてしまったような時期もあった。

しかし、開館から数ヶ月が経過して日々の利用者を観察していると、その利用者層の確認がおおよそのところできるようになってきた。その結果はというと、次の三つに集約できる。

❶何もしなくても図書館に足を運ぶ人
❷なにがしかの手立てを講ずれば図書館に足を運んでくれる人
❸図書館の存在に無関心な人

もちろん、一番問題となるのが❸の人たちである。「うちの町の人は本を読まないから」と言ってあきらめてしまうのではなく、なにがしかの手立てをして住民に関心をもってもらうようにしなければならない。一般的には、図書館に無関心な人などはあり得ないという前提で仕事を進めている図書館関係者が多いようである。

二〇〇三年六月二〇日付けの朝日新聞でも報道された文化庁の国語に関する世論調査にように、一ヶ月のうちに一冊の本も読まないという人が三七パーセントもいる時代なのである。このことを認識して、より多くの人によりよい本を提供していくことが今望まれているのではないだろうか。仮に、本だけで利用者の関心を呼ぶことができないのであれば、ほかの企画と組み合わせることによってすべての住民を網羅していけばよいと私は考えている。そして、これらの企画への取り組みは、開館から丸一年を迎えようという時期から開始した（それぞれの内容に関してはのちに詳述する）。

また、従来の図書館の発想では、図書館に訪れる人にしか目配りをしない傾向があった。図書館外での館員の姿が図書館の存在を浸透させたり、その地位を高めることにもなることから館外での行動も手を抜けないし、またそのことの重要性を認識することでよりアピールすることもできる。当然、地域意識の希薄な都会とそれが濃密な田舎とではその手法も変わってくると思うが、いずれにしろ努力なくして利用者の実相に迫ることはできない。

愛知川町の場合は、さまざまな町の会議に館員が出席することによって図書館の存在を認知してもらい、また「身近なもの」であるという意識を多くの人にもってもらうようにした。また、行政をはじめとする地域のさまざまな団体と接触するということは地域社会の状況を把握するにも役立ち、その地域固有のサービスの展開にもつながっていく。図書館長の中にはそうした館外の業務を図書館業務と考えない人が多いが、私の場合は、図書館の地位を高めたり、図書館の発言力を強めるという認識に立ってさまざまな会議への出席を重要視している。ちなみに、愛知川町立図書館長として、開館以来出席した主な会議は**表12**の通りである。

表12　愛知川町立図書館長として出席した会議一覧

- 愛知川町議会本会議（年四回の定例会）
- 町議会教育民生常任委員会
- 災害対策本部会
- 教育委員会定例会
- 役場課長会
- 役場企画会議
- 同和対策本部会
- 中山道400年祭実行委員会
- 区長総代会
- 教育委員管理職会議
- 愛知川駅舎運営委員会
- 町づくり協議会

図４　貸出し冊数（４月～７月）

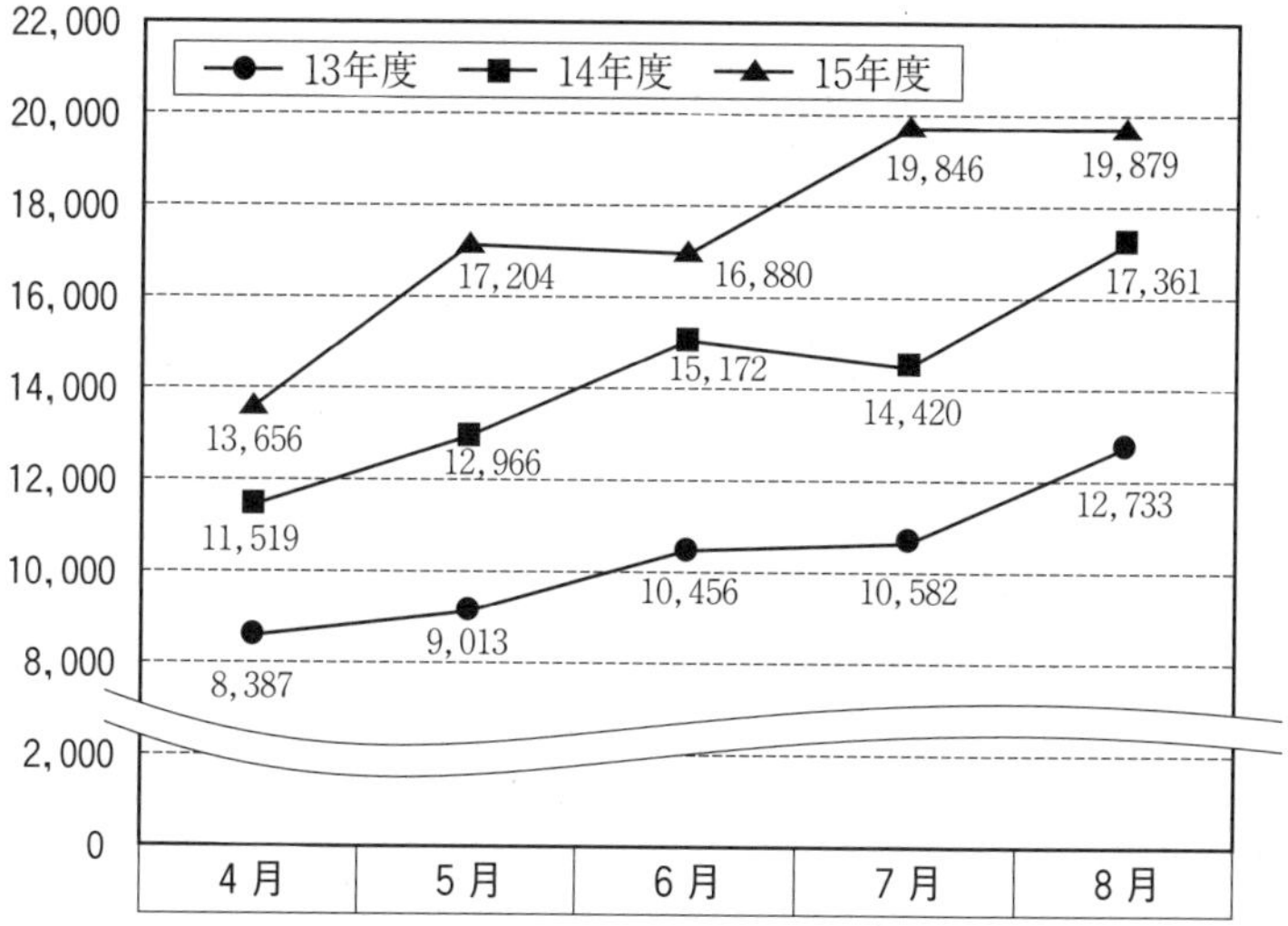

これらの会議に出席することを理由として図書館の利用状況がよくなったということは証明できないが、図4の通り、貸出し冊数が上がってきていることは間違いない。と同時に、これからの戦略を進める上においても館外の方々の意見は大いに役立っている。

それでは、愛知川町立図書館が開館以後どういうことをして利用率を上げてきたかということを写真を交えて紹介していきたい。もちろん、ここで述べられるのはそのごく一部でしかないことは先にお断りしておく。

ロケーションにあった企画

ビオトープ空間の定着に向けて

図書館の外庭には、遊具のある芝生空間と水草が茂るビオトープ空間がある。芝生空間はきれいに植栽を施して一目で整備されていることが分かるが、ビオトープ空間の方はといえば雑草が繁茂しており、お世辞にもきれいな空間とは言えない。両方の空間が比較されやすく、利用者を含む館外の人からビオトープ空間の方が管理不十分に映り、それが理由で館全体までが管理不十分と思われる場合もある。それらに備えて、愛知川町立図書館では機会あるごとにビオトープの意義を説明している。

建物に隣接するビオトープ空間

第3種郵便物認可　　京

――ヒナ1羽かえり、かいがいしくエサ運ぶ――

ヒバリ　芝生に営巣　子育て

――愛知川の「びんてまりの館」敷地

「珍しい」と職員見守る

巣のヒナに覆いかぶさるようにして守る親ヒバリ（愛知川町・びんてまりの館）

愛知川町市の町施設「びんてまりの館」敷地の芝生でヒバリ夫婦が子育てに奮闘している。ヒバリは普通、麦畑など背丈の高い草地などに営巣するが、十㌢にも満たない芝生では珍しく、職員や来庁者の間で話題になっている。

見つけたのは館長の渡部幹雄さん(四九)。今月十日、芝生を刈っている最中にヒバリが鳴いているのに気付いた。周囲を調べると、芝生のほぼ中央部にヒバリの巣があり中に二個の卵があった。

毎日観察を続けているが、最近になって待望のヒナ一羽がかえり、親鳥がかいがいしくエサを運んでいる。

渡部さんは「鳥が巣を作ると幸運を呼ぶという話を祖母に聞いたことがある」と言いながら、カラスやヘビなど外敵に狙われやすい環境だけに、「無事に巣立ってほしい」と心配している。人が近づかないように巣の周囲はロープで囲った。ヒナはあと一週間ほどで巣立ちしそう、という。

日本野鳥の会（本部・東京都）によると、ヒバリが今回の芝生のように外敵から身を隠せない草地に巣を作る例は少なく、若い夫婦が初めて巣作りした可能性もあるという。

ヒバリの巣を報じる〈京都新聞〉

一例を挙げれば、春の野鳥週間には野鳥の写真展を企画したり、敷地内外の野鳥の営巣状況も表示するなどしている。そのせいか、利用者からの反応もよい。実際に、環境に配慮した当初の計画のおかげで、建物にはツバメ、スズメ、ヤマバト、セグロセキレイが、また敷地内にはオオヨシキリ、ヒバリが巣づくりをしているのを見かけるようになり、池にはイトトンボ、メダカ、タイコウチ、ヒキガエルが生息をし始めた。成果を見るまでには多少の時間を必要とするだけに、常日頃よりビオトープの重要性を説明して利用者に理解していただく努力も必要となるし、その空間を利用者と共有するようにしている。

実際、図書館を批判する人の多くが図書館の未利用者である場合が多い。それだけに、さまざまな機会を利用して十分な説明を心がけている。そんな努力が実ってか、説明を聞いてくれた人が図書館のビオトープについて知人に説明する姿を見かけるようにもなった。地味な行動ではあるが、必ず効果が上がるということを自身の体験から確認している。とくに、生活圏の狭いエリアではその浸透力も早くて大きいだけに、日ごろのささいな行動が効果を上げることも多い（当然、逆もしかりである）。そして、第三者にも分かりやすい形で図書館の仕事を説明することが図書館理解にもつながっていくようにも思う。開館まもなく、「おまはんらが気張っているから図書館に来てみた」と滋賀弁で言われたことがあった。このときほどうれしかったことはない。

図書館の建物が完成して建設会社から引き渡されたのが二〇〇〇年七月一日であった。この年は異常なほど雨が少なく、庭の芝が七月の中旬あたりから変色し始めてその一部はもうすでに枯れてしまっていた。そこで、開館準備で忙しい日々ではあったが、全職員で植栽に散水を行うことにした。一万二〇〇〇平方メートルという広大な敷地に水をまくとなるとそうは簡単にいかない。屋外のすべての蛇口を総動員して、役場の倉庫から借りてきた旧式の手押しの消防ポンプで散水するという毎日となった。

当然、この作業は図書館の仕事には見えない。しかし、職員の気持ちを一つにしたことと、住民の皆さんに文字通り炎天下の中で汗水流して働いている姿を見てもらうことができ、新しい仕事を始める姿を伝えることができたと思っている。作業中、幾度となく住民の方々から労《ねぎら》いの言葉や差し入れまでもいただいた。そして、この散水作業中に知り合いになった婦人たちは、開館後も家族とともに図書館の常連となって毎日のように利用してくれている。

図書館は決して特別な存在ではなく、オーバーに言えば、水、空気、人と同じく日常の空間に存在するものである。渇水であればその対策をし、大雨が降ればそれにあった対策を生活者と同じようにすることは当然である。大雪が降ったからといって除雪作業を業者に委託すれば、作業そのものはすぐに終了するかもしれないが、家で雪掻きをしてから来館する利用者の目線とは一緒になれないのである。実際、南国育ちの私は雪国の苦労を知らなかったし、二〇〇一年早々の数度の積雪を体験することによって雪に対する接し方を学ぶことができた。

利用者の日常生活を知ることで、どんなサービスを提供すればいいのかということが見えてくる。用水路の清掃作業、道普請、廃品回収、伝統行事、運動会、祭りなどの集団行動、そして地域住民の方々が行う旅行、仕事、買い物、学習、レジャーなども可能なかぎり知ることで図書館として何をすればよいのかが分かってくる。

日本では、まだ年間の利用率（実質的な利用）が住民の過半数に達している図書館はないが、もしこれを達成しようとするのであれば、図書館員が図書館の中だけを見つめるのではなく、館外にも意識を払う必要がある。商売にたとえるなら、店舗に来るお客だけをその対象とするのではなく、現在店舗に来ていない層をいかに取り込むかということである。図書館近くのスーパーマーケットを見ても、遠足や運動会の前には弁当の材料、地蔵盆の前にはお菓子のコーナーを設置するなど、地域の状況に応じたセールを展開している。このように、季節にあった地域サービスを行うことが、地域に根差す図書館となるためには必要であると考えている。

それでは次に、愛知川町のロケーションにあった企画を紹介しよう。

図書館の前に広がる田園風景

図書館の前には近江米が育つ田圃がはるか向こうまで広がっている。都会の人から見れば、「そんな所に図書館がなぜあるの?」と思われるような風景である。しかし、これが現実である。そして、こうした環境にあった企画も必要となってくる。十数年前に、「農村で図書館が低調なのは、農民は頭を使わないので本を必要としていないからである」と語った著名な図書館学者がいたが、とんでもない話である。このことに強く反発して、いかに農村部で図書館を必要としているか、またいかに利用しているかという事実を示すことをこれまでの目標としてきた。それがゆえに愛知川町立図書館では、農村の人々と図書館との出合いとして、開館以来農村をテーマとした企画展示会を連続で実施してきた。

二〇〇一年六月　人形が語る農村風景「後藤絹作品展」

後藤　絹：一九一九年、大分県緒方町生まれ。一四歳で結婚後、農業一筋で五人の子どもを育てる。七〇歳を超えて、自分の経験を素材とした農民人形に取り組む。一九九六年に大分県知事認定、大分ふるさと技術一番さんで知事表彰など。大分県緒方町「りがくの郷」に作品が常設展示さてれいる。

二〇〇二年三月　岡本靖子の「布でつづる風俗展」

岡本靖子：一九四五年、愛知県生まれ。布絵による岡本靖子「布でつづる風俗展」が全国各地で開催される。著書として、夫婦による共著『超日常観察記』（情報センター出版局、一九九九年）、『町のけんきゅう』（福音館、二〇〇〇年）がある。

二〇〇二年九月　土に生きた人々の記録　渡辺うめ人形展「あぜみちの詩」

渡辺うめ：一九〇七年、青森県生まれ。戦後兵庫県八鹿町で暮らしながら農民人形の制作に取り組む。兵庫県立博物館をはじめ国内外で渡辺うめ人形展が開催される。作品写真集『あぜみちの詩』（暮らしの手帳社、一九九六年）などがある。

二〇〇三年七月　高橋まゆみ人形展「故郷からのおくりもの」

高橋まゆみ：一九五六年、松本市生まれ。農家に嫁ぎながら、身近な人たちを素材とした人形制作に取り組む。『作品写真集　高橋まゆみ・創作人形の世界「まなざし」』（新風舎、二〇〇一年）がある。

これらすべては、作者が農村生活の断面を見事に描ききっており、農村に住む人々に大きな感動と共感を与えるものばかりである。これらの展示会は口コミで人が人を呼び、数千人の来館者を集めることとなった。とりわけ、「高橋まゆみ人形展」には一万人以上の人々が来館し、自分の生活体験と重ねて涙を流す人々も数多く見られた。観に来られた人が書いたアンケートによると、「これまで図書館の敷居が高い」と感じていた人々が多く、これらの展示会を催すことでそのハードルの高さを低くできたこと、そして図書館を利用する最初の機会を提供できたことにより以後の案内がしやすくなった。

さて、その展示物だが、もちろん何でもよいということではない。観る人の心を揺り動かす展示物であるかどうかという判断が必要だし、かつ作者のポリシーなども調べておかなければならない。となると、当然のごとく企画立案者の感性も問われることになる。日ごろより幅広いジャンルに興味をもち、それぞれの目を養う努力も当然のごとく必要となってくる。

「渡辺うめ人形展」の
パンフレット

「高橋まゆみ展」に訪れた人々

また、企画を立案したからといってすぐにそれが実現するということはまずない。多くの場合が、数年にわたる交渉の末にやっと実現の運びとなる。交渉が成功しても、役場内の調整にかなりのエネルギーを費やす必要も出てくる。たとえば、年度をまたぐ借用は、単年度が基本となっている役場の事務には馴染まないことから、交渉の経過を担当者に十分に説明して了解をとる必要も出てくる。もちろん、交渉をしても出品をしてくれない場合もあるし、そのために私費で事前調査や交渉に出掛けていることなどが役場に理解されることはない。こういうところに多少のひずみを感じはするが、ルールはルールである。より良い企画を続けることによって利用者の後押しを受け、図書館の活動がすべての意味において行政の取り組むべきものとしていきたいと考えている。

最初の音楽的な催し

開館してから初めての秋を迎えようという二〇〇一年の九月、教育委員をするかたわら地元の雅楽会の代表を務めている久保田庄次氏から「図書館の中庭で演奏会を開いてもよい」という申し出を受けた。図書館での音楽行事といえばクラシックの室内楽が定番で、またそのイメージが利用者にも強かっただけに、他ジャンルの演奏会を開くことで愛知川町立図書館のイメージが固定化されずにすんだ。またここ数年、東儀秀樹氏(1)の活躍などにより雅楽がポピュラーなものになったし、地元の人の演奏ということで地域に馴染む新しい図書館のイメージ構築にも役立つと考えていた矢先の朗報であった。もちろん、ノーギャラである。

実は、開館以来、一〇〇年以上もの歴史のある地元の雅楽会の演奏を聴いたことがないという町民に数多く出会っていたのである。それがゆえに、なおさら図書館での演奏は意義深いと考えて企画を急いでいたのである。早速、雰囲気を出すために竹を斜めに切ってロウソク立てをつくったり、神社から松明台を借りたり、松明用の薪を集めたり、火災防止の備えとして小型消防ポンプの手配、ステージに敷くゴザの手配と走り回った。もちろん、屋外で行うためにスポットライトの設置なども進めた。これまでこうした企画が町内でされたことはないし、一〇月後半の寒い夜に果たして人が集まってくれるかどうか心配でしょうがなかった。休憩時間などにスタッフで入場者数予想をしたが、みんな三〇人以下という予測であった。

演奏会当日は、前日までの陽気が嘘のように冬並みの寒気が会場を包んだ。残念ながら、これでスタッフの予想を上回ることはないと、開演直前まで信じて疑わなかった。ところが、開演時間になると駐車スペースがなくなるほど入場者が訪れ、用意してある一五〇脚の椅子が足りなく

(1)　一九五九年東京生まれ。高校を卒業後、宮内庁式部職楽部で雅楽を学び一九八六年に楽師となる。一九九六年に宮内庁を退職後、アルバム制作、コンサート活動を行っている。映画音楽、CM曲などの作品も多い。

なったのだ。演奏会が始まってからも、冷たい風が吹く中を誰一人として退席する人はいなかった。これまで図書館に来たことのない人の顔も多く見かけられたし、それぞれの人が聴き入っている様子、そして満足した表情で帰宅の途に就く様子をご想像いただけるだろうか。

最初に手がけた音楽的な催しとしてはクラシックの演奏会に比べれば観客が少なかったかもしれないが、地元の人たちによる初めての音楽ジャンルの演奏会が実現できたことの意味は大きかった。なぜなら、このことが契機となって一年後の二〇〇二年の秋には、同じ場所で町始まって以来の本格的な薪能が実現したのである。

雅楽のコンサート

幅広い参加が得られた企画

　図書館は誰もが利用できる施設であると言いながら、その利用状況はというと、ある程度本に興味をもっている層を中心とした同心円上の広がりとなっている。つまり、本に関心のある常連客を中心として次第に関心の薄い層へと広がりを見せているのである。そして今まで、こうした本との関係から企画を考えていかに図書館に来てもらうかということを多くの図書館が考えてきたと思う。しかし、愛知川町立図書館では、本とのかかわりを最初に考えるのではなく、施設にいかに足を運ばせるかということを優先してこれまで企画を考えてきている。開館以来さまざまな企画に取り組んできたわけだが、その中でも二〇〇三年二月に行った「大草原の住居と暮らし」という企画は、さまざまな要素を含んだ広がりを見せるものであった。

　愛知川町立図書館では、映画会、人形劇、おはなし会など、多くの図書館で一般的に行われている行事ももちろん実施している。これらは定期化しており、開館して三年がたつ現在、それぞれを楽しみにしてくれている利用者たちがその度ごとに足を運んでくれている。このような固定された企画以外のものを先ほどより紹介しているわけだが、二〇〇三年に行った企画の中でももっとも好評だったのがこの「大草原の住居と暮らし」であった。

　企画を行う場合には、ある意味でフィーリングが重要となる。企画する側が企画に惚れないことにはうまく実行に結び付いていかない。この「大草原の住居と暮らし」の場合もそうであった。アイデアとの出合いは、開催の一年前となる二〇〇二年一月にまでさかのぼる。私の恩師である和光大学の小林文人教授(2)の退職を祝う会に出席したときのことである。

祝う会の余興にと、モンゴルからの留学生による馬頭琴のコンサートが行われた。初めて生《なま》で聞く馬頭琴の音色は、私の心の奥底まで入り込んできた。会場にいた人たちは、都会の喧騒を忘れてまるで大草原の中にでもいるような表情である。演奏が終わった途端、愛知川町でコンサートを開きたいという考えが浮かんだ。このモンゴルの留学生たちを愛知川町まで呼ぶことができないかと恩師に尋ねてみたところ、「可能」という返事だった。その瞬間に、この企画が具体的に動き出したのは言うまでもない。

企画を実施の方向に歩み出すためには、まず、どのような演出においてコンサートを展開していくのかというイメージが描けなければならない。私は、その時点ですぐさま「馬頭琴→ゲル(モンゴルの移動式住居)→絵本『スーホーの白い馬』→モンゴルの草原」というように連想していった。そして、愛知川町民にこれらをすべてまとめて紹介できる方向で早速準備作業にかかった。

何事もまず、お金の問題がやはり大きなウエイトを占める。モンゴルからの留学生に、「東京から滋賀県の愛知川町までの旅費と、少しの謝礼しか出せないが来てくれませんか」と交渉をしてみたところ、すぐさま快く了解してくれた。これで、最悪でも馬頭琴のコンサートは実現できる。次はゲルである。ゲルを組み立てて、その傍でコンサートをやればモンゴルの生活風景により近づけることになる。当初連想したように、やはり企画の二枚看板は馬頭琴とゲルである。となると、ゲルを探し出して借りてこなければならない。さて、日本国内でゲルを所蔵していて貸してくれそうな所といえば……思いついたのは大阪府にある国立民族学博物館（通称、みんぱく）であった。「ダメモト」覚悟で早速「みんぱく」に電話すると、「あいにく資料整理期間中で、当分の間ゲルの貸し出しはできない」という返事であった。しかしながら、このとき担当者から兵庫県にある「但東町立日本モンゴル博物館」の情報を得た。すぐに博物館に電話すると、「申請をすればゲルの貸出しは可能である」との朗報が得られた。しかし、これには条件があった。「組み立ての経験者がいないとゲルは組み立てられませんよ」と言うのである。せっかく揃った二枚看板も、組み立てができなければ意味がない。

頭を悩ましているとき、数年前に隣町の能登川町立図書館でモンゴル遊牧生活の記録映画の上

（2）一九三一年、久留米市生まれ。東京学芸大学名誉教授。日本社会教育学会会長を歴任して現在日本公民館学会会長。主な著書に『これからの公民館』（国土社、一九九九年）、『おきなわの社会教育——自治・文化・地域おこし』（エイデル研究所、二〇〇二年）などがある。

（3）一九三五年、中国東北（旧満州）生まれ。大阪外国語大学教授を経て、現在滋賀県立大学文化学部教授。著書に『遊牧社会の現代』（青木書店、一九八五年）、『モンゴル現代史』（山川出版社、一九九七年）などがある。

映会があったことを思い出した。当然、この映画会も実現できればという衝動に駆られ、映画会を実施した才津原館長に連絡すると、映画を制作した滋賀県立大学の小貫雅男教授(3)を紹介してくれた。すぐさま、モンゴルつながりで故司馬遼太郎とも親しかった小貫教授に面会を申し込むと、研究室に迎えていただけることになった。

面会当日、やや緊張気味に入室すると、モンゴル特産のバター茶のもてなしを受けた。こちらは、恐れ多くもモンゴル研究の第一人者からタダで映画を借りに来たのである。しばらく本心を切り出せないまま時を過ごし、別の話題で盛り上がったあとに小貫先生の方から本題へと導いてもらい、なんと、自らが愛知川町まで出向き、トーク会と映画会もしてくれるということになった。その上に、ゲルの組み立てのためにモンゴルの留学生を派遣してくれるという願ってもないオマケまでついたのである。

これですべてが解決した。さらに、「みんぱく」の担当者からは展示してあるゲルや家具などの展示資料の撮影許可が下りたとの連絡が入った。そして、前述の小林先生が主宰する東京・沖縄・東アジア社会教育研究会(4)のメンバーからモンゴル訪問時の記録写真の提供を受ける幸運にも恵まれた。これらと我が図書館の職員によるおはなし会を組み合わせた、「大草原の住居と暮らし」という企画が最終的に決定した。

以上の企画は、単に行事を消化するという発想で立てたわけではなく、参加者の関心の度合いによって広がりがもてるように工夫したつもりである。また、経費の方も、関係者の深い理解によって通常では考えられない金額で実現することができた。

努力の甲斐あってか、この企画は子どもから高齢者に至るまで幅広い年齢層の方々が来場して、反応もさまざまであった。ゲルの中で寝転がって離れない子どもたち、「モンゴルに行きたくなった」とあちらこちらで感想を述べる中年女性、ゲルの組み立てに参加し、期間中に何度も会場を訪れたご夫婦などが見られた。中でも、馬頭琴のコンサートと留学生の語りには予想以上の人々が訪れて、数十人の入場を断るほどの盛況ぶりであった。

ちなみに、ゲルの組み立てのボランティアを募集したのは、完成品を見るだけではなく組み立てを通してその構造をよく知ってもらいたかったからである。また、予想外のこととして、『スーホーの白い馬』が愛知川小学校の二年生の教科書で扱われおり、その進度が同時期であったことから授業としてのゲルの見学もあった。さらに、この絵本を日本国内に紹介した福音館書店の現相談役である松居直さんの講演会も、行事が終了した一ヶ月後に実現した。この松居さん、愛知川町からはすぐそこの五個荘町がルーツであった（本章のトビラ写真を参照）。

（4）　東アジア地域の社会教育の分析研究、資料収集、研究交流、研究者の共同研究を目的に一九九五年に設立される。一九九六年以降、〈東アジア社会教育研究〉を発行している。現在の事務局は、和光大学内の岩本陽児研究室となっている。

「大草原の住居と暮らし」

☆**企画展**――ゲルの実物展示と写真や調査資料で遊牧民の生活を紹介。

☆**映画会**――ドキュメンタリー映像作品『四季　遊牧』の上映。

映画解説：滋賀県立大学文化学部教授小貫雅男

☆**ゲルの組立て**――皆でゲルを組み立てよう。参加者募集。

指　　導：滋賀県立大学大学院博士課程の留学生

☆**馬頭琴のコンサート**――遊牧生活を幼いころから経験してきた留学生による演奏と語り。

ボリカンさん（音楽大学でモンゴルオペラを学ぶ）の演奏。

トックダホさん（民族大学卒業後に東京都立大学大学院に学ぶ）の遊牧生活の解説。

☆**読み聞かせ会**――モンゴルの民話で国内でも根強い人気のある絵本『スーホーの白い馬』の読み聞かせ会。

ゲルの組み立て作業

ゲルの中でおはなし会

表13　これまでに行った企画展一覧　　2003年7月現在

年・月	企画展	屋外展示外	おはなし会	映画会	その他
00.12	開館記念特別展	幼稚園作品展	クリスマスおはなし会	こども映画会	太鼓演奏
01.01	びわこ写真展	顔・カオ・かお展	おはなし会	映画会2回	
01.02	朝倉文夫展	彫刻を知る展	おはなし会	こども映画会	
01.03	鉄道沿線風景展	保育園作品展	おはなし会	映画会2回	
01.04	町並み写真展	姉妹都市作品展	おはなし会2回	こども映画会	姉妹都市交流会
01.05	滋賀の歩み写真展	姉妹都市作品展	おはなし会2回	こども映画会	地蔵マップ調査
01.06	後藤絹人形展	農村景観写真展	おはなし会2回	こども映画会	蛍マップ調査
01.07	後藤絹人形展	保育園作品展	おはなし会2回	こども映画会	ピアノコンサート
01.08	わかやまけん原画展	保育園作品展	おはなし会2回	星空映画会2回	
01.09	ダビンチの模型展	保育園作品展	おはなし会2回	こども映画会	
01.10	ダビンチの模型展	保育園作品展	おはなし会2回	こども映画会	雅楽コンサート
01.11	近江の街道絵画展	保育園作品展	おはなし会2回	映画会2回	
01.12	開館1周年展	ブラジル児童画展	クリスマスおなはし会	映画会	年賀状展
02.01	安野光雅展	愛知中凧展	おはなし会2回	映画会	
02.02	安野光雅展	愛知中凧展	おはなし会2回	映画会	弦楽四重奏
02.03	布で綴る岡本靖子展	瓢箪作品展	おはなし会2回	映画会	テェロギタ・ロックコンサート
02.04	茅葺き民家写真展	近江民家写真展	おはなし会2回	映画会2回	
02.05	びわこ写真展	野鳥写真展	おはなし会2回	映画会	ジャズコンサート
02.06	空から見た愛知川展	愛知中凧作品展	おはなし会2回	映画会	
02.07	動物園へ行こう展	愛知中凧作品展	おはなし会2回	星空映画会2回	七夕コンサート
02.08	あべひろし原画展	愛知中凧作品展	おはなし会2回	映画会	
02.09	渡辺うめ人形展	パッチワーク展	おはなし会2会	映画会	
02.10	中山道展	幼稚園作品展	おはなし会2回	映画会	薪能鑑賞会
02.11	中山道展	幼稚園作品展	おはなし会2回	老人会映画会	
02.12	開館2周年展	愛知中絵画展	クリスマスおはなし会	映画会	人形劇
03.01	資料で語る愛知川展	愛知中絵画展	おはなし会2回	映画会	
03.02	大草原の暮らし展	瓢箪作品展	おはなし会2回	映画会	馬頭琴コンサート
03.03	世界の絵本原画展	東小学校絵画展	おはなし会2回	映画会	
03.04	世界の絵本原画展	東小学校絵画展	おはなし会2会	映画会	
03.05	びわこ写真展	東小学校絵画展	おはなし会2回	映画会	水鶏マップ調査
03.06	美しい日本の村写真展	愛知川古写真展	おはなし会2回		蛍マップ調査
03.07	高橋まゆみ人形展	鉄道塗り絵展	おはなし会2回	映画会	民俗マップ調査
03.08	近江と街並みを描く展	野鳥の巣展	おはなし会2回	星空映画会	ハリヨ調査
03.09	紙の昆虫たち展	4人展	おはなし会2回		

人と人のつながりの上に成り立つ企画

表13を見ていただければ分かるが、これまで数々の企画を愛知川町立図書館では手がけてきた。これらすべては、企画業者に委託するのではなく、これまでの人と人のつながりを生かした交渉により実現したものばかりである。前節でも述べたように、直接相手を知らなくても行動に移して訴えれば相手を動かすことはできる。私のこれまでの教訓でいえば、「面倒くさい」と思わないことがまず第一である。

そして、常日頃よりアンテナを張りめぐらし、さまざまな情報をキャッチできる状態にしておく必要がある。また、それが切っ掛けとなって、いろいろなジャンルの人たちと接する機会も生まれてくる。人と人のつながりは、活動の展開とともにさらに広がり、対外的に認知度の低い新設図書館にとっては大きな支えともなる。ただ、一つだけ気を付けなければならないのは、その時々の必要性および効果、そして今後の展開を考えてその企画の実施が適切かどうかという判断を間違わないことである。つまり、企画を立案し、実施することが自慰行為とならないことである。あくまでも利用者の要求に沿ったものか、また利用者は本当に楽しんでくれるのだろうかということを常に念頭に置く必要がある。

ここで、その利用者との関係から生まれた企画を簡単に紹介しよう。

愛知川町には一〇〇〇人近い外国籍（多くがブラジル国籍）の人々が生活しており、それらの人々に対するサービスも図書館としては当然行わなければならない。ポルトガル語、英語、スペイン語の新聞や雑誌は比較的簡単に入手できるが、書籍となるとさすがにポルトガル語版の入手は非常に困難である。やっと在日ブラジル人のために書籍販売をしている業者のルートを開拓したが、決して十分な量とは言えない。

にもかかわらず、予想外にブラジルの人たちが図書館を訪れてくれている。休日を図書館で過ごすご夫婦、図書館を教室として定期的にブラジル人によって運営されている私設学校の授業にやって来る子どもたち、連日自転車に乗ってやって来る兄弟、ボランティアを申し出てくれる女性など、

サンバを踊るブラジル人の子どもたち

ブラジルの人たちの利用はここでは日常の風景となっている。さらに、短期研修のために日本にやって来た中国人も休日には集団で長時間滞在しており、まるでインターナショナル図書館の様相である。異国の地で、その土地の図書館を利用しようという気持ちになってくれたことに図書館としてはただただ感謝をする次第である。

さて、このような日常の付き合いがゆえに、ブラジル人の子どもたちが「日ごろのお礼に」ということで二度にわたってサンバを踊ってくれた。衣装を着けての踊りというわけにはいかなかったが、当日来館した住民からはヤンヤの声援が送られ、楽しいひとときを過ごすことができた。また、あるブラジル人から、本国に帰国するにあたって愛知川町立図書館の様子をブラジルの人たちにも教えたいといって図書館のさまざまな活動の資料を求められたこともある。私たちの図書館が発する情報が、海を渡って遠くブラジルまで送られたわけである。そして、何んと情報は送るだけではなかった。

二〇〇二年一〇月、図書館の常連となったブラジル人の三人が町内で上演された演劇に出演したことがあった。そのことが日伯友好を果たしているということになり、ブラジル大使館から我が図書館にポルトガル語の本数十冊が送られてきたのである。これからの活動を考えていく上においても、これらのことは職員全員にとって大いに励みとなる事例であった。

図書館から町づくりへ

これまで図書館が主催したイベントなどについて幾つかの具体的な例を挙げて説明してきたが、次に、図書館が町づくりにどのようにかかわっているのかという実践例を述べるとともにその重要性について述べていきたい。地域消防団やPTAなどでもそうであるが、メンバーのそれぞれが個人としてどのような働きをするかによって地域での信頼の度合いが変わる。ある意味で図書館の職員は情報受信の最前線にいるわけであるから、その情報および資料を地域に対して提供することがもちろん本務となる。しかし、それだけでは地域に対して貢献しているとは言えないのではないだろうかと思っている。

まだ大分県緒方町立図書館の職員であった一九九三年一一月に、町づくりで有名な大分県湯布院町で文化運動に取り組んでいる女性たちから「湯布院で図書館の話をしてくれませんか」という依頼を受けた。あの、「湯布院映画祭」、「牛一頭牧場」、「湯布院音楽祭」などで有名な町において図書館がなかったのである。手始めに、図書館とは何かについて学習会を開いて文化運動に携わっているメンバーの共通認識を図り、その上で図書館建設に向かうというのがそのときの狙いだったようである。

湯布院には特別な感情があった。というのも、湯布院を全国区にした町づくりの中心人物である中谷健太郎氏や溝口薫平氏には、かつて緒方町の町づくりのときに大変お世話になっており、その後も一方的な頼み事ばかりをいつも引き受けていただいていたのである。それだけに、このときの学習会へのお招きは、ささやかながら恩返しをさせていただける機会となって嬉しかった。

会場となったのは、金燐湖付近にある中谷氏経営の著名な旅館の敷地内にあるサロン風のゲストルームであった。中谷氏をはじめ旧知の人々の前で改まった話をするということで少々照れくさいところもあったが、湯布院に図書館ができれば大分県下に多大な影響を与えることから話にも力が入ったことを覚えている。そして、学習会の終了後に参加者の一人が、「これまで他所のお客さんにサービスをしてきたが、自分

中谷健太郎氏の経営する旅館

たちを豊かにする図書館は是非必要であるし、自分たちが豊かになればさらに良いサービスを観光客にも提供できる」と語ってくれたことがとても印象的であった。

これまで町づくりの延長線上に図書館がなかった湯布院に、何とかその必要性を訴えることができたことに満足した。しかし、あいにくなことに、二〇〇三年現在、湯布院町にはまだ図書館ができ上がっていない。年を追うごとに住民による図書館開設の運動は大きくなってきているのだが、なかなかその実現を見ない。一日でも早く、湯布院にあった立派な図書館ができることを願っている。

さて、それでは今現在の愛知川町ではどうだろうか。ローカル線である近江鉄道の愛知川駅にはギャラリーが常設されている。私は、図書館長としての立場でこのギャラリーの企画運営委員にもなっており、二〇〇〇年三月以来、一度も欠かすことなく三週間ごとの展示替えを行っている。すでに数十回の企画展を実施しているが、地元のマスコミにも毎回報道され、地元住民のためのいっぷくの清涼剤となりつつある。またそれ以外にも、中山道沿いの商店街活性化のための「まちかど博物館」への支援も手掛けている。この活動は、図書館開館以前の準備室長という立場で「中山道四〇〇年祭準備実行委員会」にかかわったことに始まる。

二〇〇二年に中山道の各宿場から代表が愛知川宿に集まって「全国中山道宿場会議」が開かれたりして活発化したが、その後も愛知川町では引き続き中山道を生かした町づくりに取り組んでいる。その一つが、今述べた「まちかど博物館」である。

図書館としては、当然中山道関係の資料を豊富に揃え、私は一人の役場職員という立場において中山道沿いにある老舗商店一五店舗とタイアップした形で「まちかど博物館」の支援をしている。それぞれの商店では、店の一角にコーナーを設けて、たとえばお菓子をつくる古い機械や昔の生活用品などを並べてお客さんにアピールしている。二〇〇二年に開設して以来、全国放送のテレビ番組で二回も紹介されたり、新聞紙上でも紹介記事が掲載されている。

「まちかど博物館」をベースとして、愛知川町の長期計画には「まちじゅうミュージアム」構想がある。これはどういうことかというと、町内に残っている自然環境や歴

駅でのギャラリー展示（小川功作品展）

愛知川宿
まちかど博物館
マップ
しろ平老舗 ①
橋
川
さかえ屋菓子舗 ②
愛知川郵便局
滋賀銀行
③ スタジオタカダ
(有)森辰電機 ④
国道8号線
⑤ (有)米利商店
⑥ 辰巳陶器店
⑦ 戸島洋品店
(株)タカダ ⑧
帯武商店 ⑨
⑩ (株)マルマタ
山田耕雲堂 ⑪
小松屋老舗 ⑫
⑬ 一久荒物店
⑭ 竹平桜
中山道
不飲橋

史的史跡も博物館として位置づけ、バードウォッチングを楽しむエリア、史跡散歩が楽しめるコースなども紹介し、内外の人々に愛知川町を楽しんでもらおうというものである。図書館もそのサブコア施設として位置づけられており、町内のイベントに合わせた書籍の展示などを展開している。

これによって地域生活との関係がより深くなり、図書館の職員というだけでなく一人の役場の職員としての仕事も求められることになる。全国でも稀な「まちじゅうミュージアム」建設に、図書館の仕事を通して培われた情報や力を地域に還元していくことで協力していきたい。そして、これまでにも述べてきたように、館外での活動が認知されることによって図書館活動がより理解されていくようになると思っている。

このほかにも私は、二〇〇一年一二月より町史の編さん室の兼務となって地域づくりの会合にも出掛けている。図書館が開館して間もないころに町内の自治会の字誌編さん委員会から連絡があり、その制作の手伝いをすることになった。本の編集のプロではもちろんないが、以前に見聞きしたことのある沖縄の町史づくりの事例や章立ての方法、および印刷・製本に至るまでの過程を数回にわたって説明した。半年後の二〇〇一年八月に第一冊目が発刊されたが、B5サイズの三六一ページという立派なものである。

町史の編集にかかわることによって、より地域と図書館の関係が濃密になったように思う。というのは、町史づくりにかかわるということは、当然町の歴史を探っていくことになり、長年にわたってこの町に住まいする人たちの家々を訪ね、生《なま》の声に触れる絶好の機会となったからである。少ない職員で図書館を運営しているわけだから館内の仕事も山とあるわけだが、地域の人たちとより深いかかわりをもつことでその地域のニーズを知ることができるため、これからもさまざまな方法においてこれらの仕事は続けていかなければならないと思っている。また、これらが理由で、知らず知らずのうちに利用者側からのアプローチも多くなってくるということを付け加えておく。

終　章

図書館の自立

——まとめとして

町内の保育園児の絵が飾られている中庭の展示スペース

図書館の生きる道

図書館を巡る情勢は大変厳しく、図書費や人員の削減ということも現在の不況下においては加速されている。これらはともに、図書館のもつ力が十分に理解されていないことがすべての根源と考えられる。

かつて、愛知県下の図書館を視察した折に、ある図書館の庶務係長が「司書資格などはなくても困らない」と述べたことがあったが、図書館に勤めている立場の人がその専門的職務の必要を感じなくて利用者が司書を必要と感じることができるだろうか。医師のいない病院、教師のいない学校、建築士のいない設計事務所など、社会が許すはずがない。にもかかわらず、司書のいない図書館が社会に存在するのは、それだけ司書の専門的な職務が理解されていないということである。医師は病気を治癒し、教師は学問を教え、建築士は設計書を図面化するように専門的職務が明確なのに比べて、貸出しサービスだけが司書の仕事として利用者には映るのである。

確かに、貸出しや返却の手続きだけの姿を見ていると、コンビニで働くアルバイト店員の仕事と同列に映るのかもしれない。現に、このような仕事を機械で処理して、夜間は無人とした図書館も山口県や山梨県には登場した。このような、図書館の専門性を否定するような動きはさまざまな所で見られる。とはいえ、これまでに専門職制確立の有効な方策が見いだされていないのも事実である。

専門性を確立し、日本の公共図書館を活性化するには少なくとも三つの角度からの取り組みが必要と考えられる。まず第一は、国家レベルでの図書館の整備計画である。これは、学校や福祉の分野に比べて大きく立ち遅れていることは言うまでもない。具体的な数値目標に基づく振興計画の立案をし、計画には市区町村立図書館と都道府県立図書館の役割を明示した上での日本の図書館網の整備計画年限を設定すべきである。第二は、図書館自身の課題であるが、暮らしに役立つという実感をスローガンだけでなく利用者に与えることである。これは、専門性を利用者に納得させる一番の近道でもある。第三としては、利用者とともに築く図書館のシステムを用意することである。とかく図書館は館側からの一方的なサービスに終始するが、さまざまな創意工夫でもって住民や地域とのかかわりを強めるべきである。

これらを踏まえた上で、これから図書館はどのように進むべきであろうか。これまでに述べてきたことをまとめる意味においても、もう少し具体的に述べていくことにする。

まず、図書館網のシステム化を検討すべきである。システムは一つでも欠落部分があれば機能しないことは当然である。国全体の図書館システムを鳥瞰し、全国民が平等にサービスを得られる方策を考えるべきである。これまで、図書館関係者やその政策立案者には都市生活者が多く、離島や過疎地での生活実態に触れる機会があまりにも少なかったため、そうした地域のことを視野に入れない中央志向の考えに立脚した計画に終始してきたことは否定できないと思う。図書館が生活に欠かせない施設としての認識に立てば、電気、ガス、水道をはじめとして郵便局や中学校があるのと同じように図書館網の整備を図るのは当然ではないだろうか。また、その図書館網は、一定水準以上の厳格な基準のもとに整備されるべきであり、地域間の格差があってはならないと考える。

昨今の市町村の合併が進行する中で、図書館の質の整備が今こそ問われているのではなかろうか。これまで二十数年間、一番設置が困難と考えられる町や村の図書館づくりにかかわってきて思ったのは、小さな町や村に図書館が整備されれば日本中に図書館網が完成するという夢の実現である。町村での設置率のアップこそが、日本の図書館の向上そのものと考えてきた。また、小さな町や村での図書館づくりは、都市における分館づくりにも連動するものであるという確信もあった。

しかしながら、最近の市町村合併をめぐる展開は、これまでの図書館運動の歩みとは逆の動きではないのかと懸念される。つまり、市町村の合併と同じく、図書館も合併および統合の方向に向かっているのではないかということである。ゆっくりであるとは言え、非日常的な施設から日常的な施設へと、そしてより身近な存在へと発展してきた図書館が、また利用者から見放されるような事態に転回しようとしているようにも思えるのだ。

市町村合併が進行すると、恐らく自動的に図書館未設置の自治体数は減少していき、現状の図書館数に変化はないにもかかわらず一〇〇パーセントに近い図書館設置率という奇妙な事態となってしまう。合併で大きくなった都市に一つの図書館では必ずしもサービスが充実しているとは言えず、ましてや住民の生活に根ざした図書館にはなり得ない。これまでは、末端の基礎単位の線引きが曖昧のまま、分館も含めて図書館の整備計画が立案されてきたものと推測される。

第3章でも記したように（七〇ページ）、かって「ポストの数ほどの図書館を」という夢のような要望が出されたこともあったが、実際にポストの数をカウントして人々にアピールしたのであろうか。ちなみに、ポストの数は二〇〇二年現在約一七万七〇〇〇ヶ所ほどあるが、これと同じ数の図書館を設置することはまず不可能である。図書館発展のシナリオを考えるときには、非現実的な目標設定ではなく、現実的な目標を定めることが重要である。たとえば、「ポストの数ほどの図書館」というよりは「郵便局の数ほどの図書館」の方が実行可能な目標として相手に与える印象も強いのではないだろうか。二〇〇二年現在、約二万四〇〇〇局ある郵便局は、すでにすべての人がその建物や職員をイメージすることができる。図書館も郵便局をイメージして、より具体的で知恵と工夫の運動を展開していかなければならない。

いくら図書館が任意設置とはいえ、図書館の位置づけが明確にされていないかぎりは自治体間の格差は広がるばかりである。図書館のない自治体、分館まで整備している自治体、職員を配置していない自治体、教育長が図書館長を兼務している自治体などさまざまである。残念ながら多くの人は、転勤や転居の経験がなければ、自分の町の図書館がどのような状態であるかも知らずに過ごしている場合が多い。

現状では、多くの国民は、国立国会図書館の存在や各県立図書館間の格差など知るすべもない。身近な存在から遠く離れれば離れるほど、中央型ともいうべき都道府県立図書館、国立図書館の役割や機能は分かりづらく、また大多数の人々には無縁の存在となっている。地域館と中央館、市町村立と県立、県立と国立の関係の整理が不十分であることに加え、バラバラに整備された現状においては日本全体の図書館システムを鳥瞰することなどできるわけがない。そんな脆弱な日本の公共図書館システムの眼前に、市町村の合併問題が突き付けられているのである。

これまで積み重ねてきた図書館の真の力がためされる時が来た。真に地域を基盤にし、住民に支持されてきた図書館は、市町村の合併にも影響は受けない。それどころか、合併で同一自治体となったエリアに同水準の図書館設置の要望という住民の高まりを起こすことが予測される。しかし、そうでない図書館は存亡の危機に立たされることになる。

小さな図書館は統合されて中央館一館となり、普段着では気軽に行きにくい非日常的な施設となることが十分予想される。これまで日本の公共図書館をリードしてきた図書館は、押しなべて日常の生活圏内を基盤としてきたものであった。生活圏を越えた施設は、老人、子どもなどの社会的弱者には日常的な施設とはなり得ないのである。彼らが、一日の行動範囲を超えてまでそういう図書館に足を延ばさないことは火を見るよりも明らかであり、結果としてひと握りの人のための図書館となる。そして、利用されない図書館は衰退の一途を辿ることになり、永遠に日の目を見ないことになる。

自治体関係者が老人や子どもに対する配慮を忘れ、仮に自治体の合併が進行したとすれば図書館間の格差がますます拡大することが予測される。なぜならば、現在の大都市における図書館設置の実態を見れば明らかである。つまり、一〇〇万人もの人口を抱える政令指定都市の分館の水準が実態を如実に物語っている。床面積、蔵書数、職員数、人口一人当たりの利用数のどれをとっても、森山町立図書館、愛知川町立図書館と比較して、大きな都市における中学校区ごとの図書館がその数値を上回っていることはないのである。

図書館の幅広い利用は、大きなエリアでなく、小さなコミニティー単位に設置された図書館ほど利用率が高いのである。日本図書館協会の近年の統計を見ても、小規模自治体の図書館の利用率が高いことが分かる。たとえ、市町村合併で図書館のリストラが図られて中央館一館にまとめたとしても、住民一人当たりの利用は決して高まらず、しかも図書館から遠い地区の老人や子どもの利用は望めず、周辺に住む人々の利用だけが高くなるというアンバランスな行政サービスとなる。こう考えると、市町村合併にあわせた図書館の統合や合併は望ましくないと言うことができる。

二〇〇二年のワールドカップ・サッカーでカメルーンのキャンプ地誘致によって一躍大分県中津江村が有名になったが、小さな町でも個性的な仕事が可能なのである。図書館の仕事も、コミユニティーが小さくなればなるほど地域の実情にあった展開ができるのである。しかしながら、これまで図書館界はそうしたことに関心をもたなかったように思われる。普段着でリラックスできる図書館こそ図書館の原点なのである。この原点を忘れて、どんなにきれいごとの理論で図書館を包もうとしても無駄なことに図書館関係者は早く気付いて欲しい。小さな図書館の連合体の上に、それを広域的観点から地域の広がりとともに支援していく体制ができれば図書館システムの完成である。

このように考えると、法律面での整備が求められることになる。一九五〇年に図書館法が制定されたが、それから半世紀の間に図書館の設置に至らなかった自治体が数多くあることは事実である。図書館が発展するためには現行法では不十分であるといわざるを得ないため、抜本的な法整備の改革が望まれる。また、学校教育関係法と比較してもその差は歴然としている。中学校の法的根拠の一つである学校教育法は一〇八条にもわたっているのに対して、図書館法はわずか二九条の条文しかない。これだけを見ても、国家レベルでの図書館の扱いがいかに小さいかが分かる。

これまでにも記したように、こんな状態では優秀な人材など獲得できるはずがなく、よほど図書館に対して情熱をもった人でなければ図書館に職を得ようとは考えない。ほかの部署から図書館に配置された多くの職員は左遷されたという意識が強く、もし行政組織の最底辺の部署として自らの職場を認識するような職員がいるようでは、今後も図書館が振興していかないのは当然となってくる。

戦後の図書館の歩みは、残念ながら人材が獲得できないことに起因する悪循環の繰り返しであったように思う。学校教育では、一九七二年の義務教育諸学校などの教員への教職調整額の支給、一九七四年の学校教育の水準の維持向上のための義務教育諸学校の教職員の人材確保に関する特別措置法（いわゆる、人材確保法）の制定により、優れた教員を確保する道が大きく開けた。事実、これらの影響で教員志願者が増加したことは言うまでもない。これは、専門職確保のための社会的環境の整備が人材確保の近道であることを裏付けた好例である。図書館システムの骨格である法整備をするためにも、立法および政策立案にかかわる人々の真の意味での図書館に対する理解を望みたい。

季刊〈本とコンピュータ〉の総合編集長が、「日本の行政システムが図書館をとことんバカにしていることがはっきりした」（二〇〇二年夏号）と述べている。現状の図書館を見て、バカにするばかりか、人類が獲得した叡智を保管・活用できる装置としての図書館をバカにするようでは、その国の行政そのものに未来がないことになるのではないだろうか。

図書館の地位向上のためには、国民世論の形成を欠かすことができない。その第一歩として、理想的な図書館イメージの浸透という努力が関係者に課せられる。より広汎な人々が現状の図書館の問題を認識した上で、理想的な図書館像を共有化していくことが望まれる。そのためには、図書館自身がこれまで以上に活動のアピールを利用者に対して行い、またこれまでの活動の反省と課題の克服を最優先にしていくべきである。

これまでは、どちらかと言えば多岐にわたる書籍の種類とは逆に、あまりにも画一的でかぎられた範囲に運動主体がとどまっていたことも事実である。たとえば、文庫活動からスタートした図書館づくり運動に見られるように、子どもをもつ婦人層が中心の運動は数多くあっても、高齢者や青壮年の男性の参加は少ないなど、運動の限界性があった。逆を言えば、あらゆる層を巻き込んだ図書館運動が存在すれば、その広がりと深まりにより、大多数に支持される図書館が誕生していくのである。

本書の初校ゲラをチェックしているときに、読売新聞の朝刊に「ビジネス支援図書館――起業準備の情報提供、専門司書の育成を――」（八月二三日付）という見出しの記事が出た。そして浦安市立図書館などをはじめとする四館ほどの取り組み状況を紹介している。その中で、ビジネス支援図書館として世界的に有名なアメリカ・ニューヨーク科学産業ビジネス図書館のクリスティン・マクドーナ館長が、支援の成否の鍵として「蔵書の豊かさもさることながら、重要なのは、幅広い知識と専門性を持ち、利用者に情報収集のノウハウを指摘できる司書の存在」と、強調していた。

そして記事は、「では、日本はどうか。日本図書館協会によると、この数年、全国の図書館数は毎年四、五十館ずつ新設されているにもかかわらず、図書購入費や司書の人員は軒並み減っている。何ともお寒い状況だ。定期異動のある公務員司書には専門知識を深める時間的余裕もない」と続け、「情報があふれる時代だからこそ、個人の求めに応じて情報を上手にデザインできる司書の腕が試される。今後日本に『ビジネス支援図書館』を根付かせるには、まず、専門性の高い司書の教育・訓練に、十分投資をしていく必要があるだろう」と結んでいる。

この記事をお読みなられて、本書においてこれまで繰り返し述べてきたことがより分かっていただけたのではないだろうか。つまり、ビジネス支援をするためには、最低でも大学において法律・経済・商学・情報学部などを学んできた人が司書となって、より訓練していかなければならないということである。とはいえ、日本においても、起業支援サービスをして図書館の存在をアピールしていこうとする姿勢が図書館に現れてきたことは歓迎できる。

これまで図書館界の評価が高くても社会への影響が小さかったのは、関係者の自己満足に終わり、真の意味での図書館の成長を見なかったからではなかろうか。貸出し密度の評価に満足し、さまざまな可能性へのチャレンジを忘れると組織は衰退する。関係者からの評価を気にするあまり、利用者の動向が目に入らないようでは本末転倒である。図書館としての基本的なサービスはもちろん重要であるが、あまりにもマニュアル化されたものであれば閉口するし、行政との関係を重視するあまりに自分の頭で考えない借り物の理論で住民に接するようであれば図書館の未来などとうていあり得ないことに早く気が付いて欲しい。

大多数の住民に支持されるということは、図書館にとって最高の味方を得ることである。そして、開館後、住民に支持され続けることが図書館にとっての最高の栄誉である。圧倒的多数の住民から絶大な支持が得られれば、たとえ一軒の図書館の実践であろうと日本社会全体に大きく影響を与えることができる。残念ながら、そうしたレベルの実践がいまだに出現していないのではあるが、本書でも紹介したように、モデルとなりそうな実践を見せている図書館が出現している。一つの図書館でできなくとも、意識ある活動をしている図書館がネットワークを組むことで少数派から多数派へと立場が逆転することも決して不可能ではない。

現行の図書館職員養成システムを考えれば圧倒的多数の住民の支持得た図書館などは夢物語かもしれないが、誰かがその壁を破らなければ永遠に図書館の地位は向上しない。智恵と工夫で臨界点を越えさえすれば、道は開けるはずだ。全国二七七一館（二〇〇三年九月現在）の図書館すべてにその可能性はあり、住民から支持される夢の図書館をつくることができるのだ。

おわりに――あとがきにかえて

「図書館づくり」の最終ゴールは「地域づくり」であるという思いで仕事を続けてきた。しかし、これまでの感覚で言えば、地域の関係資料を集めて館内にコーナーとして設けることが精いっぱいであったと思う。つまり、図書館の本務は資料の提供が第一であるという呪縛からどうしても抜け切れなかったのである。

日本の図書館界では、一九七〇年代以降、貸出しが図書館の主要業務でその評価は貸出し冊数によって決められてきた。貸出しに重点を置くことで図書館を社会的に認知させることは一面では効果的であった。それが、受験生の学習の場、一部の好事家のための空間、そしてごく普通の市民の生涯学習への場へと大きく転換を遂げたのである。それを証明するように、一九八〇年代までは住民一人当たりの貸出し冊数が年間一〇冊を超えることはほとんどなかったが、二〇〇〇年代に入ってそれが現実となりつつある。

かつて、図書館界ではこの年間一〇冊という貸出し冊数のハードルを越えることが、地域において図書館の市民権を獲得することと思われていた。しかしながら、この数字をクリアしても学校や福祉施設並みの認知がされないのが実情である。図書館界では「暮らしに役立つ図書館」をスローガンに掲げているが、それが見えてこないのである。私自身の実感としても、森山町や愛知川町においてこの数字を達成してもまだまだ住民の反応は不十分なものだった。

一九七〇年代ごろから、図書館づくり運動の三つのスローガンとして「いつでも」、「どこでも」、「だれにでも」利用のできる図書館を掲げてきたが、この三〇年間を振り返って、「だれにでも」利用のできる図書館への取り組みがとくに甘かったように思われる。一口に「だれにでも」と言っても、そう簡単にはいかない。つまり、すべての人に門戸を開くことができてもすべての人が実際に図書館を利用するとはかぎらないのである。図書館に魅力がなければやはり利用してくれない。すべての人々にとって魅力的な空間になることによって、図書館へ足を運んでくる人々は増えていく。

これまで図書館は、「だれにでも」利用できる図書館という命題に対して、赤ちゃんから老人までの年齢階層別の利用ということに力点を置いてきた。たしかに、赤ちゃんから老人までの利用は拡大した。しかしながら、職業別、地域別、興味・関心などの角度からの利用者分析が不十分であり、それを踏まえた多面的な取り組みがこれからは必要となる。地域固有のサービスや館独自のサービスが、図書館を次のステップへ押し上げる試金石になるのではないだろうか。

本書で述べてきた通り、とくに森山町においてはさまざまなサービスを展開することによって東京のテレビ局や新聞社からも取材を受けることになった。またそれだけでなく、全国各地から視察が相次いだ。もちろん、住民の利用率が上がっていったのは言うまでもなく、何と開館の翌年には路線バスの「図書館前」停留所が設けられることとなった。そしてこのころから、「図書館の町、森山町」と対外的にも紹介されるようになり、「町づくり」にも大きな貢献ができたと自負している。そして、この「町づくり」は、思わぬ方向にも影響を与えた。図書館の利用が増加するに従って、町内の野菜の生産者グループから「イベント開催中に直売所を出したい」との申し出があった。早速、駐車場の一角で採れたての野菜や農産加工品コーナーを設置することとなったが、このコーナーは大盛況となり、数年後には図書館の真向かいの空き地に常設の直売所を設置するまでになった。

このように、単なる文化施設である図書館の活動が周囲に波及効果をもたらしたのである。恐らく、図書館の広がりがここまでになるとは町民の誰一人として想像していなかったと思われる。そして、さまざまな方向から図書館へアクセスすることによって、利用者一人ひとりの精神生活が豊かになっていったということは言うまでもない。

図書館を地域に根づかせたり、社会的貢献を考えると、それぞれの図書館の創意と工夫が求められることになる。金太郎飴のような図書館では、地域に埋没してしまい、住民に存在を忘れさられてしまうのではないだろうか。このような主張をすると、大多数の図書館員たちから「基本的サービスこそ大事で、イベントに目を奪われてしまうと本来のサービスが疎かになる」という批判の声をいただきそうだ。しかし、よく考えてほしい。これまでその基本的なサービスだけで町村立図書館の社会的地位が高いものとなったのだろうか。私の経験から言えば、ある程度の水準まではセオリーに忠実にサービスをすれば到達できる。しかし、それでは住民の積極的な評価や参加は得られないのである。確かに、この点についてその解決方法を見いだせずに悩みつづけたときもあった。そんなときに、イギリスで地域と図書館のかかわりの実態に触れ、図書館の社会的地位の高さを見せつけられたのである。

日本の図書館には、地域の環境を洞察した上での運営のセンスが足りない。多くの日本の図書館では、利用が少なければ自分の町には本を読む人が少ないとして、問題提起されることもなくそのまま終わってしまう場合が多い。しかし、実際は利用するに値しない図書館が多いと思っているだけなのである。

生涯学習での利用が高まることが予想される図書館であるだけに、誰もが注目する図書館である必要が出てくる。これまでのように本好きの人だけなく、本嫌いの人、本に縁のない人、学習の楽しさを味わったことのない人にも目が向けられなければならない。これらの人々に対する働きかけをすることで広範な支持を得られる公共施設となることは間違いない、と思ってこれからも仕事を続けていきたい。

一九七六年に大分県緒方町に採用されて、公民館図書室での仕事が図書館活動の始まりだった。小さな町に図書館をつくるという夢を追いかけて、これまで三〇年間、数々の失敗を重ねながらの試行錯誤の連続だったように思う。そして、大分県緒方町立図書館、長崎県森山町立図書館、滋賀県愛知川町立図書館の開設にかかわるという幸運に恵まれ、夢が現実のものとなった。もちろん、これまでの間に言い尽くせないぐらいの多くの方々にお世話になった。

大分県立図書館の松尾則男さん、三重野アツ子さん、中村佐一さん、これらの方がいなかったら、最初の段階で挫折していたかもしれない。また、専門職の志の高さを教えていただいた大分県の専門職員の真野和夫さん、東京都国立市公民館（当時）の平林正夫さん、博物館問題研究会の故伊藤寿朗（元東京学芸大学助教授）さん、平塚市博物館の浜口哲一さん、国学院大学助教授の小川直之さん、茅ヶ崎市立小和田公民館（当時）の鈴木敏治さんたちのおかげで、これまで仕事を続けられたと実感している。

三〇年間という長きにわたって充実した日々を私に与えて下さったのは、大分県緒方町時代の故波多野正憲、田部省三、山中博の各町長と、長崎県森山町時代の橋村松太郎、田中克史の各町長、そして今現在働いている滋賀県愛知川町の平元真町長をはじめとして、ともに仕事に取り組んできた皆々様に深く感謝を申し上げたい。また、今回の出版に際して最後まで力づけていただいた株式会社新評論の武市一幸さん、多くのアドバイスをいただいた私の恩師でもある小林文人先生、さらには写真家の漆原宏さんに厚く御礼を申し上げて終わりとしたい。

二〇〇三年　九月

渡部幹雄

せて３点以内とし、貸出期間は１週間以内とする。
2　前項に定めるもののほか、館長が特に必要と認めるときは、その冊数または点数および期間を別に指定することができる。
(貸出しの制限)
第15条　図書館資料はすべて貸出しすることを原則とする。ただし、館長が指定する図書館資料については、制限することができる。
2　図書館資料の返却を故意に遅らせ、または返却しない者に対して、館長は図書館資料の貸出しを制限することができる。
(配送貸出し)
第16条　館長が特に必要と認めた者は配送貸出しを受けることができる。
2　貸出しを受けようとする者または代理人は、配送貸出申込書（別記様式第３号）を提出して貸出カード（別記様式第２号）の交付を受け、これにより申し込まなければならない。
3　配送貸出しの冊数および期間は、第14条の規定を準用する。
(団体貸出し)
第17条　図書館は、学校、家庭または地域を中心として主体的に読書活動を行う団体に対し、図書資料の貸出しを行うことができる。
2　貸出しを受けようとする団体は、団体貸出申込書（別記様式第４号）を提出して貸出カード（別記様式第２号）の交付を受け、これにより申し込まなければならない。
3　貸出しの方法、冊数および期間については、その団体と協議の上、館長が別に定める。
(貸出カードの紛失等の届出)
第18条　貸出カードもしくは貸出カード申込書（配送、団体含む。）に記載した内容に変更が生じたとき、または貸出カードを紛失したときは、速やかに届け出なければならない。
(図書館資料の複写)
第19条　図書館は、利用者が図書館資料の複写を希望するときは、著作権法（昭和45年法律第48号）第31条に規定する範囲内においてこれを行うことができる。
2　複写に要する費用は、利用者の負担とする。
(寄贈および寄託)
第20条　図書館は、図書館資料の寄贈および寄託を受けることができる。
2　寄贈および寄託を受けた図書館資料は、他の図書館資料と同様の取り扱いをするものとする。
3　図書館は、寄託された図書館資料がやむを得ない事由により滅失もしくは紛失し、または汚損もしくは破損したときは、その責めを負わないものとする。
(損害の弁償)
第21条　利用者は、図書館資料、設備器具等を著しく汚損、破損または紛失したときは、現品または相当の代価をもつて弁償しなければならない。
2　貸出カードが登録者以外のものによつて使用され、損害が生じた場合、その責任は登録者本人が負うものとする。
(委任)
第22条　この規則に定めるもののほか必要な事項は、教育委員会が定める。

附　則
この規則は、平成12年７月１日から施行する。
付　則（平成14年教規則第16号）
この規則は、平成14年６月１日から施行する。

(3) 施設、設備および備品の維持管理に関すること。
(4) びんてまりの館との調整に関すること。
(5) 公用車の管理に関すること。
(6) 公印の保管に関すること。
(7) 関係機関、団体等との連絡および調整に関すること。
(8) その他図書館に関すること。

(専決事項)
第6条　館長は、次の事務を専決する。
(1) 図書館の管理運営規則の実施に関すること。
(2) 図書館資料の選択、収集および廃棄に関すること。
(3) 図書館施設の利用に関すること。
(4) その他軽易な事項

(専門的業務に関する研修)
第7条　職員は、図書館奉仕を向上させるため、専門的業務に関する研修に努めなければならない。

(利用者の秘密を守る義務)
第8条　図書館は、利用者の秘密が第三者に知られることのないよう必要な措置を講じなければならない。
2　職員は、図書館資料の提供を通じて知り得た個人の秘密について漏らしてはならない。

(資料の選定および除籍)
第9条　館長は図書館資料の選定および除籍に当たつて、思想的、宗教的および政治的中立の観点を堅持し、幅広く図書館資料を選定するように努めなければならない。

(開館時間)
第10条　図書館の開館時間は、午前10時から午後6時までとする。ただし、館長が特に必要と認めるときは、教育長の承認を得て、これを変更することができる。

(休館日)
第11条　図書館の休館日は、次のとおりとする。ただし、館長が特に必要と認めるときは、教育長の承認を得て、これを変更または臨時に休館することができる。
(1) 毎週月曜日および火曜日
(2) 国民の祝日に関する法律(昭和23年法律第178号)に規定する日(当該国民の祝日が火曜日に当たるときはその翌日)
(3) 館内整理日(毎月最終木曜日)
(4) 12月28日から翌年1月4日
(5) 蔵書点検期間(年間10日以内)

(利用の制限)
第12条　館長は、この規則または館長の指示に従わない者に対して、図書館資料および施設の利用を制限することができる。

(貸出しの対象および手続)
第13条　貸出しを受けることができる者は、愛知郡内に居住する者または本町に勤務、通学している者とする。ただし、館長が必要と認めるときは、この限りではない。
2　貸出しを受けようとする者は、貸出カード申込書(別記様式第1号その1またはその2)を提出して貸出カード(別記様式第2号)の交付を受け、これにより申し込まなければならない。

(貸出しの冊数および期間)
第14条　図書館資料の貸出しの冊数または点数および期間は、次の各号に掲げるとおりとする。
(1) 図書館資料については、貸出冊数は個人の必要に応じて、貸出期間に読める範囲とし、貸出期間は3週間以内とする。
(2) 視聴覚資料については、貸出点数は1人ビデオテープ2点以内、CD・カセットテープ合わ

愛知川町立図書館管理運営規則

平成12年5月10日
教育委員会規則第2号

（目的）

第1条　この規則は、愛知川町立図書館設置条例（平成12年愛知川町条例第7号）第4条の規定に基づき、愛知川町立図書館（以下「図書館」という。）の管理運営等に関し、必要な事項を定めることを目的とする。

（事業）

第2条　図書館は、図書館法（昭和25年法律第118号）第3条の規定に基づき、次の各号に掲げる事業を行う。

(1)　図書館資料（図書、記録、新聞、雑誌、地域資料、行政資料、視聴覚資料、その他、必要な資料をいう。以下同じ。）の収集、整理および保存

(2)　個人貸出、団体貸出

(3)　読書案内

(4)　調査研究への援助

(5)　読書会、研究会、講演会、鑑賞会、映写会、資料展示会等の主催および奨励

(6)　時事に関する情報および参考資料の紹介並びに提供

(7)　郷土資料の収集および提供

(8)　図書館資料の図書館間相互貸借

(9)　障害者など図書館利用にハンディキャップを持つ人たちに対する利用援助

(10)　読書団体との連絡、協力、並びに団体活動等の促進

(11)　住民の自主的な読書活動に対する連携および援助

(12)　図書館の広報

(13)　他の図書館、学校、公民館、博物館、研究所との連携、協力

(14)　その他図書館の目的達成のために必要な事業

（職員）

第3条　図書館に館長を置く。

2　館長は司書の資格を有する者をもつて充てる。

3　館長の下に司書を置く。

4　必要に応じて、館長補佐、係長、主査、主事、主事補、その他の職員を置くことができる。

（職務）

第4条　前条に掲げる職の職務は、次のとおりとする。

(1)　館長は上司の命を受け、図書館の事務を掌理し、所属職員を指揮監督する。

(2)　館長補佐は館長を助け、所管の事務を処理し、館長に事故あるときは、その職務を代理する。

(3)　係長は、上司の命を受け、係の事務を処理する。

(4)　主査は、上司の命を受け、所管の事務を処理する。

(5)　主事は、上司の命を受け、所管の事務をつかさどる。

(6)　主事補は、上司の命を受け、所管の事務をつかさどる。

(7)　司書は、上司の命を受け、専門的業務および所管の事務をつかさどる。

(8)　その他の職員は、上司の命を受け、一般事務の補助を行う。

第5条　図書館に、図書館係を置く。

2　図書館係の分掌する事務は、次のとおりとする。

(1)　第2条各号に定める事業の実施および調整に関すること。

(2)　図書館の一般庶務に関すること。

著者紹介

渡部　幹雄（わたなべ・みきお）

1953年11月、大分県緒方町生まれ。

仕事歴・大分県、長崎県、滋賀県で町役場職員（公民館、資料館、町史編さん室、図書館、文化財調査）として勤務。現在、滋賀県愛知川町立図書館館長。

生涯学習歴・大学卒業後、四つの大学で聴講生、研究生、通信教育部生、大学院生として学ぶ。

所属学会・日本社会教育学会、日本公民館学会、日本図書館情報学会など。

その他・大分県社会教育委員、大分県公立図書館振興策検討委員会委員、大分県連合青年団長、東京都国立市民俗文化財調査員、神戸大学社会教育主事講習講師、日本図書館協会町村図書館活動推進委員会委員等を歴任。

共著書として、末本誠・小林平造・上野景三編著『地域と社会教育の創造』（エイデル研究所、1995年）、小林文人・猪山勝利編著『社会教育の展開と地域創造』（東洋館出版社、1996年）がある。

図書館を遊ぶ
——エンターテインメント空間を求めて——　（検印廃止）

2003年10月20日　初版第１刷発行

著　者　渡 部 幹 雄

発行者　武 市 一 幸

発行所　株式会社　新　評　論

〒169-0051
東京都新宿区西早稲田３-16-28
http://www.shinhyoron.co.jp

電話　03(3202)7 3 9 1
FAX　03(3202)5 8 3 2
振替・00160-1-113487

落丁・乱丁はお取り替えします。
定価はカバーに表示してあります。

印　刷　フォレスト
製　本　清水製本プラス紙工
装　丁　山 田 英 春
写　真　渡 部 幹 雄
(但し書きのあるものは除く)

ISBN4-7948-0616-7 C0036